90后大学生活导航

——我的大学我做主

主编　宋宝萍　程霞

西安电子科技大学出版社

内 容 简 介

本书是多年从事大学教育的教师为即将走入大学和刚上大学的新生精心煲制的一碗心灵鸡汤，旨在帮助他们认识大学，尽快适应大学学习、生活，学会处理大学生活中遇到的各种问题，做好学涯规划。全书共分六章，从大学生活、学习、友谊、爱情、网络、择业与就业等6个方面介绍大学生活，并结合专业理论和现实案例进行分析、引导，帮助新生尽快适应大学学习与生活，摆脱困惑和烦恼，走出迷惘和无助的状态，顺利渡过入学关，为他们今后的人生道路奠定良好的基础。

本书可供大学新生阅读，也可供高校学生管理工作者、思想教育工作者、心理健康教育工作者和广大教师参考。

序

——致新生

首先，我们代表大学老师，祝贺各位同学顺利、圆满地完成了中学学业，以优异的成绩来到大学继续深造，实现自己人生的一次关键性飞跃。同学们美好的人生理想将在这里奠基，辉煌的事业将从这里起步，灿烂、温馨的生活也将从这里开始……

中学阶段，我们对大学充满了无限的憧憬、好奇与渴望，为实现心中的梦想，我们苦心研读，“衣带渐宽终不悔”；我们专心致志，“两耳不闻窗外事”；我们信心百倍，“我是未来世界的主人”。十二年苦乐奋斗，十二年苦乐追求，我们终于在这收获的季节，走进了心中的象牙塔。

大学，究竟是什么样的？有人说，大学是希望的田野；有人说，大学是知识的海洋；有人说，大学是让人心灵纯净、升华的殿堂；有人说，大学是让人成熟、复杂的场所；也有人说，大学是七彩的世界，这里有红的欢悦、绿的希望、蓝的宽广、黄的成熟、灰的忧郁，还有调色板上混沌无序的迷离与惆怅……

来到大学，心中充满了喜悦和自豪。一名北大新生谈到，“戴上北大校徽，低头一想，我是北大人，心中充满了自豪。”我的大学我做主，在这里，可以尽情展示自我，我的大学我是主人；图书馆包罗万象，文字资料、数字资料应有尽有；课余活动丰富多彩，各种学生社团向你招手；必修课、选修课、各种讲座、学术报告、文艺汇演、宿舍联谊、班级活动、体育比赛，等等，所有的一切，我来掌控！进入大学，会遇到来自全国各地，说着各种方言或普通话的陌生面孔，生活习惯、作息习惯、地域文化、兴趣爱好各不相同的同学舍友，……一切都那么新鲜，一切又都那么令人好奇。但是很快地，我们也发现了相互间的差距:“真是天外有天，人外有人。”众多新生，要想在大学出人头地，再现辉煌，并非易事。大学的一切对已苦读十二年书的我们仍显得有些陌生，心中不禁惶惑:大学真的比高中轻松自由吗？这又是怎样的一种轻松自由？中学学习成绩良好的我，大学就一定能应对自如吗？怎样适应大学的学习、生活环境，尽快完成从中学到大学的过渡？怎样全面认识专业与自我，迅速找到新的发展基点？怎样调适自己的心情，排遣心中无名的烦恼？怎样对待挫折与打击，锻造自己健康的心灵？怎样对待陌生的同学和朋友，与其建立良好的人际关系?怎样塑造理想的自我，为将来的择业、创业做好准备?……面对诸多的问题，我们需要尽快知道，并妥善有效地处理——因为，我们的未来掌握在我们的手中。我的大学我做主，未来将成为什么样的人，取决于大学期间有怎样的态度与作为。18岁，从此开始对自己的未来负责，需要拥有担当的勇气、负责的能力和坦然认真的态度。

当然，面对一个全新的开始，各位同学不要太着急。俗话说“铁打的营盘流水的兵”，初入大学，一切都那么新鲜，一切都要独自面对，人生中的许多第一次将从这里开始。作为常年工作在大学一线的老师，年年岁岁都要迎接一届届和你们同样风华正茂、同样意气风发、同样初来乍到的新同学。你们将要经历的，作为老师的我们心中有数，你们可能有的困惑，我们也已细细梳理。在你们到来之前，在你们初入大学之际，我们希望尽我们所能，帮助你们更好地了解大学，认识大学，把握大学，我们为你导航，让你轻松驾驭你的航船，在健康正确的航线上自主驰骋，自由翱翔……

这里笔者想和大家分享曾在杂志上看到的一则英文单词小游戏。国际权威机构研究表明，在智商层面上，中国人、美国人、欧洲人、非洲人都处于同一水平线上。那么，就个体而言，促使人取得卓越成就的最重要的因素在哪里呢？有人做了这么一个游戏，把26个字母定义成26个阿拉伯数字，a代表1，b代表2，以此类推。将每一个单词中的英文字母对应的数字加起来，看哪一个数字更接近100。他找了许多词，发现有这么三个词最接近：一个是knowledge，即中文里的“知识”。我们把这个词的每个字母所对应的阿拉伯数字加起来，得到的数字是多少？然后他又找了一个词：hardwork，即“努力工作”。我们也加加看是多少？非常有意思的是，knowledge加起来是96，这表示离100即完满或成功还有一定距离；而hardwork加起来得到的数字是98，意思是努力的工作可以弥补知识的不足，让你更接近理想中的完满。那么，有没有一个100分的单词呢？有，那就是attitude，即态度。这也许是一个巧合，但从这个游戏中我们也确实能得到一些启示：比起你的知识和你的努力——你一天到晚忙个不停，累得半死，其最根本的问题在于：你是不是真的热爱它，是不是真的投入进去了。你是只把它当作每天不得不去做的一件事，把它当成一个要完成的作业，还是真正地热爱它，对它充满了兴趣与渴望。在这三个层面上所做出的不同努力将会产生完全不同的结果。在“兴趣”这个层面上，你不仅会只想着怎么去把它做完，还会去思考如何创造性、创新性地去完成，你会把这个活动本身的价值大大地发掘出来。美国太平洋研究院的创始人、国际著名的心理学应用大师路·泰斯在其著作《对卓越的投资》里谈到，当你“不得不”去做一些事情的时候，你的自我效能是最低的。你在心里告诉自己：这不是我想做的，也不是我能做的，我只是奉命行事，那些事情已经超出我的能力和责任了，结果好坏不是我能左右的。拥有积极的态度，充满兴趣渴望，大胆参与实践，在各种实践活动中深化我们的知识和能力，提升中国学生在国际上的竞争力。

大学，我们应该怎样度过，除了每天上课、看书，广泛地交流，多方摄取，努力进取，更重要的是，在内心深处我们要真正理解努力的意义，真正热爱自己的专业，对知识充满探究的渴望，对前进路上的挫折有正确的态度和认识，百折不挠，愈挫愈奋……有时候，学习生活中遇到困难乍看起来是不好的，是我们难以接受的，但只有用智慧接受它，面对它，转化它，最终解决它。当你超越困难挫折后，你会发现原来这是我们人生中不可缺少的，没有它，我们不会思考，不会去想解决问题的办法，当然也不会提升我们解决问题的能力……感谢生活赋予我们的一切，它使我们从各方面走向成长、发展，走向辉煌……写到这儿，我脑海中想起了一段大家耳熟能详的古语："天将降大任于斯人也……"真正能把挫折当成一种锻炼，对挫折能拥有一颗平常心的人，必能在挫折中发现不足，历练心智，发展才能。而后天必委之以大任，此亦必能承大任之人也。愿我们的新同学能"快乐成长在大学"，以积极、健康、快乐、进取、创新、敢为、负责的心态，在新的人生旅途中成就自己的光荣与梦想。

编　者

2011年6月于

西安电子科技大学

目 录

第一章 生活篇——花儿一样的岁月

第二章　学习篇——学而时习之，不亦乐乎

第三章　友谊篇——人字的结构，就是相互支撑

第五章 网络篇——虚拟王国(天使与魔鬼的化身)

第六章 就业篇——世界终归是你们的

第一章　生活篇

——花儿一样的岁月

1. 我的青春谁做主?

——摆脱依赖，走向独立

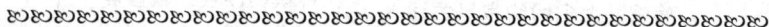

告诉我们的父母：我们长大了，真的可以照顾自己。就让我们自己闯一闯，哪怕是碰碰钉子也好。

——李开复

告别了酷热的夏天，学生们也告别了悠闲的长假。许多大学生纷纷踏上了离家求学的路程。像往年一样，忙碌的不只是新生们，他们的家长，才是最忙的人。

送小罗来读书的除了爸妈之外，还有舅舅和另外两个亲戚。虽已踏进大学的校门，但小罗显然还没做好独立生活的准备。一来到外地，很多平时在家看起来很简单的事情，当需要自己动手做的时候，突然间竟变得那么复杂。

小罗：妈，(风扇)怎么拿上去?

妈：从这里上去。

爸：从这里上去就行了。

不但对准备入住的很多事情措手无策，一想到父母就即将要离开，小罗更显得忧心忡忡。

小罗：在家里有洗衣机，我也不用洗衣服，现在来到学校就得自己洗衣服，没有妈妈可以依赖。在家里有父母帮我准备好了一切，在这里只有我一个人，只有自己的一双手，怕自己应付不来，也有一点怕自己适应不了新环境，有一点担心。

从小罗短短的入学过程，我们也许可以找到为什么那么多家长要亲自送孩子上大学的原因。

刚刚跨进了大学门槛，所有的一切都是那么新鲜，又都是那么陌生，这些都让人欢喜让人忧。报到时举目环顾皆是陌生人，重重的茫然将自己包围。办理完入学手续，跟送行的亲友挥手作别，你黯然地走向宿舍，不知道接下来会发生什么，也不清楚接下来会怎样度过，更没有人能告诉你怎样安排好自己的一切。

初来乍到，作为大学新生，你的忐忑之情原在意料之中，由于没有什么独立生活的经验与能力，此时也不得不补上这一课。其实，这是对你的一种磨炼，今后我们依然会经常遇到新环境，碰到新面孔。

开学刚刚一个星期，某高校土木工程系大一新生小丁已经回了三次家，他的父母也先后去了三次学校。报到当天，家在杨浦区的小丁父母帮儿子把行李运到了学校，铺好床单，挂好蚊帐，一切安排妥当。“没想到他第二天就跑回家来了。”父亲告诉记者。原来，小丁嫌宿舍里太热，所以跑回家吹空调了。为了宝贝儿子，小丁父亲扛着家里的风扇，第二次来到学校帮儿子安装。

谁想到，小丁一天后又回家了，原来是他不习惯和其他同学共用一个浴室，宁愿回家洗澡。在父母的劝说下，小丁不情愿地回到了宿舍。

过了两天，小丁买了一辆自行车，发现车子骑起来有点晃动，他赶忙打电话回家“搬救兵”。小丁的父亲第三次赶到学校给小丁修车，“原来只是车座下的一个螺丝松了，帮他上紧就可以了。”这时已是周末，带着一星期积攒下来的脏衣服，小丁又回家了。

上大学后，对大学新生来说最大的变化就是生活环境方面，没有了父母、长辈每日的悉心照料，真正的独立生活开始了。大学生的自主管理，用一句流行的话说，颇有点“自己当老板”的味道，全权安排自己的时间、金钱，决定自己的发展方向。不少新生独立生活的心理准备不足，生活自理能力较差，有一些不习惯是很自然的。

走进大学食堂，很多新生看着一样样的饭菜，不知如何选择：西红柿还是黄瓜？面条还是米饭？馒头要买几个……不少同学都会被这些“难”住。还有的同学倒是方便，看着喜欢的就买，一顿晚饭要买三四种菜，吃不完都浪费掉。还有的同学习惯了在家中安静地吃饭，坐在学校大餐厅里，怎么也吃不下去，唯恐别人看到自己的“吃相”，这种难题在女生中比较普遍。

以前从来没有为穿衣发愁的新生，刚入学也遇到了难题：有的同学发现天气没个准儿，不知道该穿些什么，不是冷了就是热了。这样的同学可以从报纸或电视上提前了解天气变化，及时添减衣服。

虽然很多大一新生都是花钱高手，可是到了学校却遇到了问题：手里有钱，可不知该去哪里买？结果经常有新生被上门推销的狠骗一把，这主要是因为初来乍到，不熟悉环境。同学们可以向高年级的师兄师姐咨询，他们会告诉你哪里东西便宜，哪个小店东西全。

值得庆幸的是，对于大多数同学来说，这些都仅仅是小麻烦，只要自身稍加改变，解决这方面问题还是很容易的。首先，思想上要独立。不要再妄想得到父母或他人的帮助，清楚明白地告诉自己要学会独立，自己的事情自己干。不要在意学校的条件够不够好，不要嫌生活琐事太麻烦，这些都是一个人生存在世的基本能力，而且你是在为自己做事，没什么可抱怨的。其次，充分熟悉校园环境，接受了这个环境就等于在适应的路上迈出了一大步，例如可以去每一家食堂试试，找出最好吃的一家；可以去每家超市转转，比出哪家更物美价廉……人的恐惧感经常是因为陌生而导致的，环境其实也像人与人的相处一样，熟了就好了。最后，不要忘了身边的同学，别人也正在经历着跟你相同的问题，看看别人是怎么做的，有样学样，别人能做好的，你肯定也能做好！

开学报到没几天，学校就安排了军训。虽然以前高中就参加过军训，可小莉心里还是很担忧：听说大学里军训挺严的，要吃好多苦头。我比较胖，体质又不太好，平常忙于学习，缺乏锻炼，不知道能不能坚持下来。一想到军训，就觉得压力很大。

军训是新生进入大学的第一课，它给予我们许多无形的财富，比如让我们懂得要吃苦耐劳，不怕艰难，学会合作；还要有坚强的意志，独立生活的能力，这有助于日后更好地完成学业。不仅如此，和同学们一起训练，一起生活，一起为在汇报演出中夺得荣誉而努力，能让作为新生的你迅速融入班集体，摆脱新环境带来的陌生感。你将在军训中深刻体味到教官的严肃与柔情、老师的关怀与鼓励、同学间的互助与友情，这样让人感到新鲜而兴奋的第一次集体生活，你怎么舍得错过呢？当然，在军训时保护好自己的身体也很重要，这里给同学们提供一些经验，以供参考，使大家能有一段愉快的军旅生活！

炎炎烈日下，新生们在操场上站军姿、走正步，个个威武神气。但是，每年因为受不了这种苦练而中暑的学生却并不少见，在无风、闷热的天气，中暑的可能性就更大了。中暑后的症状是：面色苍白、大量出汗、头昏、耳鸣、眼睛发花、注意力不能集中、口渴、心慌、胸闷、脉搏加快、全身无力。严重者会出现恶心、呕吐、四肢抽搐、呼吸困难、突然昏倒，甚至昏迷不醒。

在操场上军训时，当发现自己有以上某些症状时，应及时向军训教官或老师请假，自己或在别人帮助下马上到阴凉通风处坐下或仰卧休息，并解开衣扣、皮带，口服防暑药物或清凉饮料、凉盐开

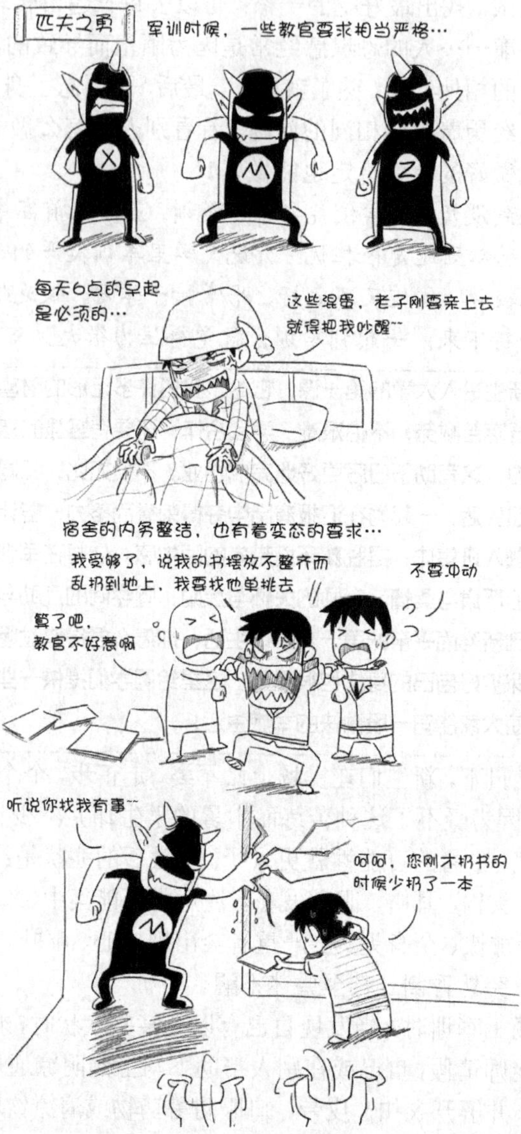
匹夫之勇
军训时候，一些教官要求相当严格…
X
M
Z
每天6点的早起
是必须的…
这些混蛋，老子刚要亲上去
就得把我吵醒~~
宿舍的内务整洁，也有着变态的要求…
我受够了，说我的书摆放不整齐而
乱扔到地上，我要找他单挑去
不要冲动
算了吧，
教官不好惹啊
听说你找我有事~~
呵呵，您刚才扔书的
时候少扔了一本
M

水等。稍严重时，其他同学可帮助用冷水毛巾敷病人头部、胸部、腋下或两大腿根部，并用冷水擦四肢或全身皮肤，直至皮肤发红，还可人工向患者扇风或吹风散热。这些措施对防止中暑的发生及发展都有着重要作用。情况严重的，经上述处理后要立即送往医院。

中暑是可以预防的，在此提醒大家在军训中特别是剧烈运动后，不要马上脱衣，一旦发现不舒服，要及时到荫凉处休息；日常注意饮食卫生，以清淡饮食为佳，多吃富含蛋白质和维生素B、维生素C的食物；及时补充水分，出汗多时多喝含盐的清凉饮料或热姜汤，少喝冰冻的饮料；预防中暑，还要备好如清凉油、人丹、霍香正气丸、风油精等防暑药物。

“军训就是一场磨炼意志的训练。”每天清晨，军号声一响，马上就要集合开始晨练了；晚上吃过晚饭，拉歌、喊番号又开始了。面对如此高强度的训练，特别是早晚十几度的温差，还有那干了又湿、湿了又干的衣服，难免会让讨厌的“感冒”偷袭大家疲惫的身体。高温会消耗大量的体液，饮水最好少量多次，一般每次以300毫升至500毫升为宜，必要时可以喝点淡盐开水；训练完回到寝室，汗没干透前，不能马上用凉水洗澡；自觉有感冒症状时要及时向教官、指导员和辅导员报告，及时医治。

俗话说“一白遮三丑”，爱美的女生最怕的就是长时间的暴晒了。其实，皮肤暴露在炎炎烈日下，不仅会晒黑，更严重的是会晒伤皮肤。久晒之后，皮肤表皮脱落的现象常常发生，好好的脸面硬生生地晒成了“小花脸”。还有的同学本身就有痤疮，军训这么一晒，“青春美丽疙瘩痘”就都冒出来了，这可急坏了爱美的女生们。

太阳紫外线直射对皮肤有一定的伤害。虽然大部分高校军训时已经入秋，但早晚温差依旧很大，日间太阳依旧毒辣，军训时在户外活动时间较长，皮肤长期暴露在紫外线下，人体内分泌油脂增多，有痤疮史的学生更容易加重病情。因此，同学们要注意劳逸结合，保证充足睡眠，少吃油炸、辛辣和生冷食物，用温水洗脸，日晒前根据需要擦一些防晒霜，有痤疮的学生要尽量减少日晒，可用西瓜皮或黄瓜片敷脸，一旦发现痘痘，不要掐挤或乱涂药水，要及时到医院就诊，以免留下永久疤痕。

军训期间体力消耗较大，大家还要注意补充营养。不要亏待自己，多吃一些肉类、蛋类、蔬菜、水果，最好多喝点菜汤，同时注意补充各种维生素。

军训中要讲“坚持再坚持”，但如果实在支持不住了，一定要休息，特别是体质较差的同学，不要硬撑，防止出意外。

此外，军训生活中要学会与同学沟通，有困难时，虚心向同学和老师请教。如：着军装、走军步、站军姿、叠军被等。这也是一个和同学消除陌生感、增进友谊、融入集体的好机会。

经历了军训，人生从此有了当兵的经历，相信这段日子必将成为我们心底的一段美好回忆。

从单处一室的“独立王国”到多人“群居”的集体宿舍，这一生活环境及习惯的适应和磨合，对没有住校经历的同学来说，真的是一次考验。中学阶段普遍是就近入学，吃住在家，拥有自己的独立空间。即使是寄宿制的中学，学生离家也不太远，一般不会超出县城范围，一个月总可以回家一次。而大学生活则是完全的集体生活，住宿舍，吃食堂，一切都靠自己处理。刚开始的时候，宿舍关系融洽、亲热，寝室是大学新生名副其实的“新家”。“回家”的感觉，一度令大家陶醉。每夜临睡前都召开“卧谈会”，或谈家乡风情，或评论人物，真是不亦乐乎。但时间一长，生活在同一个宿舍的同学的脾气、习惯各不相同，常常难以适应，同室而居可能会出现矛盾。“白天不懂夜的黑”——怎么别人就是不了解我？“热闹是他们的，我什么也没有”——身处集体之中，却感到孤独和寂寞。事实上，大学新生对新的人际关系的适应远比对学习和生活环境的适应更困难，新生们普遍感到孤独、压抑。许多同学会产生一种失落、无奈的感觉，转而不可抑制地想家，怀念起过去的中学时代，进而把情感投向旧时的同学、朋友和老师，频频地与异地城市、异地学校的老同学通信、打电话、上网聊天，从而陷入网吧而不能自拔，陷入疯狂写信、收信的怪圈。

大学新生追求独立的成人意识，在学习和生活中往往表现出矛盾的两方面。一方面，独立意识的增强使新生从上大学那天起就表现出心理“断乳”的强烈愿望，不愿随波逐流，在思想、言行等各方面都表现出极大的独立性，这对大学新生的学习、生活和成长无疑是大有好处的。另一方面，个人独立意识如果无限度地增强，就会成为扭曲的独立意识，可能导致过分相信自己的能力，妄自尊大，以“成人”自居，不乐意接受来自家庭、学校、社会的批评教育，甚至表现出情绪上的对抗。一旦这种缺乏基础的、盲目的自信受到挫折或其“独立性”受到挑战时，就容易感到沮丧、自卑，对人、对事采取不负责任的态度，或退缩到依赖他人的状态。

大一新生们想家、怀旧、不知所措、依赖父母是正常的，需要自己慢慢调整。我们应该积极与同学和老师交流，尝试建立新的人际关系。随着时间的推移，和同学、老师的关系从陌生变为熟悉，这种不适应也会逐渐消失。

2008年，小葛以高分的成绩考入某重点大学。开学之后，在众多才子才女中，小葛突感自己如同一只丑小鸭，无法在心理上很快地适应。“大学里藏龙卧虎，强手如林，人人都很优秀。在高中叱咤风云的自己与周围出类拔萃的同学相比，简直太一般了，别说多才多艺了，连普通话也说不好。”面对这样的现实，重新为自己定位是摆在每个大学新生面前的首要问题。

进入大学后，随着独立生活的开始，大学生们进入了“自我发现”的新时期，急于想认识自己，评价自己。这种认识和评价不仅仅针对仪表容貌，更多的是对自己的能力、性格、品德、人生价值等深层次问题的探讨。一个人要认识自己并不容易，加之大学生的认知能力还不成熟，因而大学生在认识、评价自我时还缺乏必要的客观性和正确性，对自我的理解和判断也流于肤浅，极易因把握不好对待自我的标准而表现出极度自信与极度自卑的矛盾心理，时而慷慨激昂，时而又悲观失落。如大学新生容易被高考成绩左右情绪，相互之间存在着攀比学校名气，所学专业是否紧俏的心理，不能客观地评价自己。从纵向来比，你很优秀，考入大学；从横向上看，每个考入大学的人都很优秀，大家站在同一起跑线上。关键是我们要把握好对自己的定位，一切从头开始。

一个充满自信的人，善于发现自己的美，更懂得充分展示自己的美。一个人对自己的态度往往能影响到周围的人对他的态度。因此，一个人首先应该喜爱自己，才能让别人也喜爱自己。很难想象一个对自己都不满意的人会大受欢迎。另外，要充满自信，努力修正自己。自信乐观是后天锻炼培养的结果。努力接近自信的人，观察他们的言行，在实际生活中不断给自己积极的心理暗示，说“我能行”；要明白世界上没有完美的东西，只有不完美的才是真实的，不要去苛求完美。

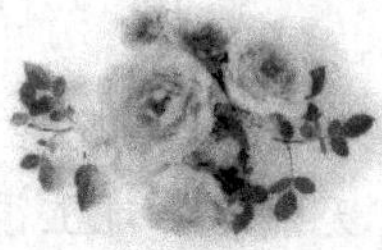

温馨提示

树立一个信条：你是自己的老板！

每个人都是不一样的，要找到自己的兴趣，发挥自己的潜力，才能够成为“最好的自己”。

从容面对独立生活，勇于接受新挑战，相信自己一定能行！

新生报到
刚入学报到时候，排队办手续……
同学，请问是在这里排队注册的么？
哇喔~~虽说高考不限制年龄，不过同学你也太夸张了点吧？！
没错，这里排队！
老子帮儿子排队，你有什么意见？！
大叔，我错了~~
这队伍…赶上春运了
给你个望远镜，看队头动了没！

2. 从“我很富有”到“月光族”

——学会理财

花钱花得有智慧，和赚钱一样难。

——比尔·盖茨

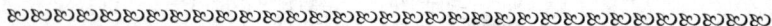

广州大学生小伟刚刚读完了大一，回首一年，费用居然超过了3万元，父母批评不说，自己也觉得对不住收入并不高的父母。他希望请教理财专家，如何节省开支才能将下一学年的开支控制在2万元上下。

小伟的困惑很具有代表性，作为大一新生，在生活上刚刚拥有了自主权，绝大多数都未尝试过“当家”的经历，对金钱也没有太多的概念，花起钱来大手大脚，消费随意而盲目。

虽然从参加高考到进入大学，只有几个月的时间，但大学新生的生活费却是成倍地增长。有同学以前在高中的时候每月零花钱只有一二十元，上大学时家里都要给几千元的生活费(供一学期用)，这对他们来说简直是一笔“巨款”。刚入大学时，同学们都没有太多“理财”的经验，以前的生活起居都有父母照料，自己只管好好学习就行了，而现在什么柴米油盐、杂七杂八都得自己安排。有的同学在最初的时间里大手大脚，逛街、旅游、聚餐……两个月就把钱花得差不多了，成了标准的“月光族”，以后的日子只好节衣缩食或向父母索要，或向周围同学、朋友借钱，有的甚至为此而违法犯罪。

张某，某高校大一新生，由于不太会理财，他的生活费总是不到月底就花完，又不敢一直向父母要钱，就找各种借口向同学借。6月份，张某的债主们陆续找上门来，他有点急了。一次，张某发现隔壁宿舍的同学毛某新买了一台笔记本电脑，就起了偷窃的念头。7月3日，他乘学校组织考试的时间，借口肚子疼离开考场，携带准备好的作案工具潜入毛某宿舍，将电脑及两个电脑包盗走(共计价值1.1万余元)。7月7日，公安机关将张某抓获，追回赃物并发还被害人。

消费结构不合理、不良消费习惯等都是导致大学生“月光”的主要原因。正确地规划钱财、合理地使用钱财成为大学生的理财必修课。

理财这个概念提出很久了，但是把它放到大学生这个群体中却是近几年的事情。因为很多大学生狭隘地认为只有自己挣钱了，有钱了，才能谈得上理财这个话题。殊不知，“你不理财、财不理你”的道理。理财对于大学生来说更多意义上是指合理花钱，合理攒钱，养成良好的消费习惯，培养初级理财观念。

另外，只有部分大学生有储蓄意识，极少部分大学生会接触理财产品。在他们的日常消费中，生活费用和学习资料占据份额最大。其中，饮食是不少大学生最为关注的事情。但同学之间的下馆子、聚餐等，很多情况下不单单是为了吃饭，还伴有其他项目的娱乐开销。攀比心理也造成不少大学生入不敷出的尴尬局面，包括平时的穿衣打扮以及恋爱开支，都给大学生消费带来沉重压力。在现实生活中，大学生也面临着许多与金钱有关的困难和问题，这往往让他们感到莫大的压力、矛盾和烦恼。

有同学这样说：“我觉得现在一方面要学习，一方面又想赚钱，有时候会非常矛盾。总是想在生活上舒服一些，衣食无忧，而且还想报答父母，总之压力很大。”有同学说：“我希望在我困难的时候能有办法渡过难关，不要让我因为缺钱而影响学业。”还有同学说：“我非常想拥有足够的收入使我和我的家庭在社会上得到足够的尊重和教育。”

这个问题怎么解决呢？从刚进入大学之日起，我们就应该建立健康的消费心理和生活方式，培养并提高自己的财商。

——理财基本功之“开源”

大学生可以适当找一些“开源”的方法，赚一点钱来补贴自己生活和学习的费用：

申请助学贷款。大学生的学杂费、生活费是一笔不小的支出，如果现阶段花费较为紧张，不妨申请助学贷款，既可以减轻家庭负担，又可以培养大家的独立意识和责任意识。

争取获得奖学金。各个大学都设有奖学金制度，既获得了知识，又得到一笔收入，这是大学生“最本分”的“赚钱”方式。

积极协助老师搞研究。这也可以称为“助学”，可以利用自己的专业和专长来协助老师进行科学研究，不过不要太关注当前赚的一些小钱，重要的是学习和经验积累。

适度参与校外兼职工作。诸如私人家教、促销员、打字员、话务员等，在假期还可以到企业或公司打工，虽然收入不是很高，但是可以得到很好的锻炼和社会实践的机会，这也是多数大学生最常用的赚钱方式。由于现在赚钱主要靠出售自己的时间，很难用钱来赚钱，因此不要过度。

有条件的情况下进行适当的投资。利用少量的储蓄，以积累投资经验为目的，投入到股票、基金、债券、网店等基本的投资品。要根据自己的风险承受能力来适当投资，不要太关注一些投机工具。

——理财基本功之节流

作为学生，应该把钱花在刀刃上，不要一味追求品牌和档次，更多的应考虑所购物品的性价比和自己的承受能力。

学会记账和编制预算。这是控制消费最有效的方法之一。其实记账并不难，只要你保留所有的收支单据，抽空整理一下，就可以掌握自己的收支情况，从而对症下药。一种可能的预算是这样的：60%的钱用来吃饭；10%的钱用来读书；20%的钱用来作为临时备用；10%的钱存起来。这样预算的理由是：一份理性的预算应当首先保证生活的需要。

大学生活的消费基本上以伙食、日常用品为主。应该坚持基本上在学校食堂就餐，生活用品不要盲目追求高档或者名牌，不要在服饰、化妆品、奢侈品等上面花费过多金钱。一切应该根据自己家庭的财力，量入为出，与父母约定了自己每月的生活费以后，尽量不要超出。因为父母对家庭的总收入也是有所规划的。有些同学从小就渴望追求名牌，习惯攀比，这实际上是一种“小富即安”的思想，是不思进取、没有品位的表现，真正的修养从来就不是从衣物牌子上表现出来的。打电话、上网等也要根据自己的经济条件而有所节制。

不要简单地因为喜欢就消费。人天性就有购物的欲望，很多人喜欢逛街，看见喜欢的东西就买下来。如果能记录自己的消费支出，很快就会发现你的支出中有很大一部分都是花在了不必要的东西上。

不要看不起小钱。生活中有很多小开支，这里几元，那里几块，看似不起眼，但积少成多就是一个大数目。集体生活中也许有些同学不太重视一些细微的地方，作为舍友就应该互相提醒，比如出门关灯、节约用水等。全宿舍同学一起来遵守和监督，使大家从学生时代就养成勤俭节约的好习惯，每个人都能因此而受益终生。

充分利用资源。大商场的换季衣服有时会打很低的折扣，这时候去购买就会节约许多钱。男生基本上每个月都要理发，如果办一张年卡，就相当于每次都打折。逢年过节商家打折时，可邀好友一起消费，以获得尽可能低的优惠价格。

祸不单行

那天在饭堂
打了两个菜…
吃了一个我怒了…
坑爹啊！！世界上还
有比这更难吃的吗？
吃了第二个…
我哭了…
还真TM有啊…

避免买书又不看书。读书人爱书是一件好事情，但是买的书你都看了多少呢？我们在书店会以学习的名义，买下这本书，买下那本书。大家都知道，书的价格并不便宜，与其买了很多书却束之高阁，不如买一本就细细研读一本。有时甚至不禁有“书非借不能读也”的感慨，当然，借书也不失为学习的一种好办法。

在做好“开源”、“节流”这两个理财基本功之后，我相信你将会告别“月月光”的生活。

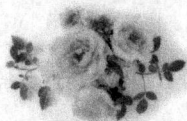

温馨提示

记账越勤，理财越行。

信用卡不是随便办的。

用二手货是流行时尚。

3. 选择就是放弃，自由就是枷锁

——有效管理时间

智慧就是懂得该忽略什么的技巧。

——威廉·詹姆斯

小李在即将升入大二的时候，回顾总结自己入学一年来的生活，感到非常懊悔和苦恼。他说，以优异的成绩考入这所名牌大学，父母亲朋对自己寄予了很高的期望。原先在中学的时候目标很明确，学校里有老师的严格督导，感觉每天都很上进，时间也抓得很紧。可是上大学以后，除了上课和做实验之外，课余时间怎么过要由自己来决定，每天有太多的自由，一时很难适应这种宽松的环境。看着周围很多同学逐渐放松了对自己的要求，把大把的时间花在上网聊天、打游戏、逛街、侃大山上面，小李也觉得好不容易告别了中学“苦行僧”似的生活，大学要过得“潇洒”一点。于是，在这种随波逐流的心态下，他把理想和目标抛在脑后，尽情地挥霍时间。等到学年结束评奖学金的时候，看着成绩单上及格线上下的成绩，有几门还挂了“红灯”，他才发现一年的时光竟这样被自己轻轻掠过，自己已然不再“优秀”。小李不禁发出这样的感慨：如果让大一重新来过，我一定不能再这样浑浑噩噩。

对于刚进入大学的新生来说，都要度过一个适应期，而时间管理是其中一个非常重要的方面。因为在上大学之前，我们的时间几乎都由学校或者家长支配。而到了大学以后，有相当一部分时间需要自己来安排，这在中学阶段是不可想象的。在大学中，很多同学很难适应大学宽松的管理，在“自由散漫”中迷失了自己，浪费时间的现象比比皆是，主要表现为办事拖拉、打牌和打游戏、连续看小说、长时间QQ、经常性喝酒聚餐、闲谈聊天、犹豫不决、没目标、不考虑轻重缓急、凭记忆办事等。

人的一生有两个最大的财富：才华和时间。才华越来越多，但是时间却越来越少，我们的一生可以说是用时间来换取才华。如果一天天过去了，我们的时间少了，而才华没有增加，那就是虚度了时光。所以，学会有效地管理时间对大学生来说十分重要。

良好的习惯是一种个人竞争力。要学会有效地管理时间，首先要知道你的时间是如何花掉的。挑一个星期，每天记录下每30分钟做的事情，然后做一个分类(例如上课、读书、做作业、准备四六级考试、和朋友聊天、社团活动等)和统计，看看自己什么方面花了太多的时间。

学会使用时间碎片和“死时间”。如果你做了上面的时间统计，你一定会发现每天有很多的时间流失掉了，例如等车、排队、走路、搭车等。这些零碎时间可以用来背单词、打电话、温习功课等。大家喜欢用MP3播放器听音乐，但是为什么不把一些学习的内容(英语会话、演讲和录下来的广播新闻等)放入你的MP3播放器呢？无论自己忙还是不忙，你要把那些可以利用的时间碎片事先准备好，到有空闲的时候可有计划地拿出来做。

1851年，拿破仑率领的大军和欧洲各国的反法联军在比利时的滑铁卢会战。双方处于胶着状态，谁的援军早到，谁就可能扭转战争的形势。战役发生之前，拿破仑派遣他的精锐部队，由格鲁希元帅率领，去迎击远道而来的普鲁士军队，接触以后取得了小的胜利。这时候普鲁士军队就消失了，格鲁希就在原地待命。正在他等待命令的时候，地下发生了震动，远处传来了隆隆的炮声，这是拿破仑的主力已经和反法联军在滑铁卢会战。这时候格鲁希的部下请求格鲁希立刻火速增援拿破仑。只要三个小时格鲁希的军队就可以赶到会战地点，而这支援军的到达就可以扭转战争的形势。格鲁希手里拿着拿破仑命令他追击普鲁士军队的命令而没有调遣军队火速增援主力的任务，犹豫了三分钟，决定在原地待命。只经过短短的三个小时，法军兵败如山倒。这三小时决定了欧洲的命运，决定了法国的命运，决定了拿破仑的命运，也决定了格鲁希本人的命运。

格鲁希既是一个优秀的统帅，但又是一个平庸的时间计划者。我们每一个人都是人生战场上的士兵，同时我们每一个人都是人生战场上的统帅，我们每个人都统帅着一支大军，这支大军就是我们的每年、每月、每星期、每小时、每分、每秒。你是否能够很好地计划时间，是否能够很好地调遣你的部队，将决定你人生的成败。

我们在大学里，要让制定计划成为一种习惯。每天、每周给自己定学习、工作计划和目标，对所学的和感兴趣的知识进行系统学习和记录；在宿舍的台历或记事本上，标注当天或预定的学习与工作计划，以备遗忘，也可在电脑系统或电子记事本中设置发声装置以便及时提醒；设身处地地考虑自己是否浪费别人时间，或对别人有无帮助，如情绪消极则应及时纠正。

根据个人生活规律，选择每天精力最充沛、思想最集中的时间，去处理最重要的事情，如背单词、做练习等，这会达到事半功倍的效果。一天头脑最清醒的时候，应该放在最需要专心的学习上。与朋友、家人在一起的时间，相对来说，不需要头脑那么清楚。所以，我们要把握一天中20%的最高效时间(有些人是早晨，也有些人是下午和晚上；除了时间之外，还要根据你的心态、血糖的高低、休息是否足够等综合考量)，专门用于最困难的科目和最需要思考的学习上。许多同学喜欢熬夜，但是晚睡会伤身，所以还是尽量早睡早起。

佳佳来自首都北京，是个性格开朗、随和的女孩，兴趣爱好特别广泛。入学军训的时候，佳佳因出众的文艺才能和良好表现获得了“优秀军训学员”的称号。后来，佳佳在班委竞选中以绝对优势当选班长。她在学生会、社团招新的时候也积极参与，有一段时间曾同时参加了数十个学生组织，几乎每天晚上都要开会。佳佳是个做事认真的女孩，可以说在工作中投入了大量的时间和精力。很快地，她结识了很多新朋友，经常帮朋友们排忧解难。刚开始的时候，她很喜欢这样的生活，感觉自己过得忙碌而充实，很有用武之地。可是后来，她慢慢觉得自己的时间不够用，每天从早忙到晚，身体也有点吃不消了。更重要的是，学习的时间被大大地“挤压”，有些时候被迫熬夜应付功课。一个学期下来，非但学习成绩急剧下滑，而且很多事情也没有真正做到位。

佳佳的情形在很多新生身上都发生过，原因在于不懂得区分“有所为”和“有所不为”，不善于拒绝。计划赶不上变化是经常遇到的情况，确实有很多时候自己原本已安排好了计划，但是经常会临时出现一些变化。例如，朋友拉你打网游或聚餐，会占用你大部分自由时间。在这种情况下，要学会恰当地拒绝，这是时间管理中摆脱变化和纠缠的一种很有效的方法。但是拒绝时要讲究技巧，不宜直截了当，而要委婉，用他人觉得确实是合理的理由来拒绝。要学会限制时间，不仅是给自己，也是给别人。不要被无聊的人和无关重要的事缠住，也不要在不必要的地方逗留太久。一个人只有学会说“不”，他才会得到真正的自由。

我们的建议是：每天一大早把一天该做的事排好优先次序，按照这个次序来做，并要求自己这天把最重要的三件事做完。当你感到在学习和生活中每天都有干不完的事时，唯一能够做的就是分清轻重缓急。有的大学生会说自己“没有时间学习”，其实，换个说法就是“学习没有被排上优先级次序”。曾经有一个老师，上课时带来两个大玻璃缸和一堆大小不一的石头。他做了一个实验，在其中一个玻璃缸中先把小石和沙子倒进去，最后大石头就放不下了。而另一个玻璃缸中先放大石头，其它小石和沙子却可以慢慢渗入。

他以此为比喻说："时间管理就是要找到自己的优先级，若颠倒顺序，一堆琐事占满了时间，重要的事情就没有空位了。"

大学生小许的自述：我性格比较内向，家庭条件不是很好。上大学以后，一直严格要求自己，自制力也很强，决心好好学习，将来报答父母。我几乎把所有课余时间都用在学习上，觉得浪费时间是一种罪恶。别人玩的时候，我在自习；舍友卧谈的时候，我在练英语听力；同学春游的时候，我在博览群书。我以为我的学习成绩一定排名很靠前，拿奖学金没问题。结果出人意料，班上有几个看似整天玩的同学成绩也很好，这一点我很困惑。他们有什么诀窍呢？

像小许这样，如果把所有的空闲时间都用来学习，未必能取得好的学习成绩。要提高学习效率，还应学会积极休闲。积极的休闲应该有利于身心的放松、精神的陶冶和人际的交流，有利于提高办事效率；而且随着经济和生活水平的发展，一些休闲性的活动在使人放松的同时也能解决问题，如通过打篮球、网球等共同爱好来结识不同的朋友也能提高办事效率。比如在课余时间的三小时可以这样分配：一小时用来读杂书(拓宽知识面，自信和美丽会因此洋溢到脸上)；每天锻炼一小时(锻炼使人一身正气，游泳的时候，你的身体在翻腾，思想也在翻腾)；用一小时去追求美好(虽然时间是一条单向的长河，但我们也可以停下来，闻闻两岸的花香，抓住人生转瞬即逝的美丽)。

学习运用搁置的哲学。不要固执于解决不了的问题，可以把问题记下来，让潜意识和时间去解决它们。这就有点像踢足球，左路打不开，就试试右路，总之，尽量不要"钻牛角尖"。不要开展无谓的争论，否则不仅影响情绪和人际关系，而且还会浪费大量时间，到头来还往往解决不了什么问题。说得越多，做得越少，聪明人在别人喋喋不休或面红耳赤时常常已走出了很远的距离。

当然，时间管理与目标管理是不可分的。每个小目标的完成都会让你清楚地知道你与大目标的远近，你每日的行动承诺是你的压力和激励，而且行动承诺都必须结合你的长远目标。所以，要想有计划地工作和生活，有效地管理好自己的时间，还必须切实地执行计划，需要有较高的自制力和自控力。如果你在自己寝室实在无法专心，那就到图书馆去读书，那里既没有影响你的室友，也没有诱惑你的计算机和网络。

温馨提示

人生最宝贵的两项资产，一项是头脑，一项是时间。

管理时间水平的高低，决定你事业和生活的成败。

制定详实可行的计划，提高学习效率。

4. 名利场，还是“联合国”？

——社团和学生组织面面观

最重要的就是去做你真正想做的事情，跟着兴趣走。

——姚明

武汉某高校学生会主席龙某一直对自己有一个明确的定位。“大一当干事的时候很辛苦，如果想多学点东西不仅需要有一股坚持下去的韧劲，也需要给自己一个合理的定位，学会量力而行。”他表示，做干事的时候什么都要学，大一课程一般会比较多，要根据自己的实际情况决定加入多少个社团和组织，不要盲目听从宣传，不要贪多。在谈到参加学生工作要注意哪些问题时他表示，加入组织后要看清哪些部门适合自己，选择性地留下。在想留下来的部门中做事情要有主动的意识，多和学长、学姐交流，不能消极等待安排任务，重要的是高调做事、低调做人。“要摆正好心态，在学生会里要有一种为大家服务的意识，而不是认为加入学生会有高人一等的感觉。”

跟你们说过多少次了！
“电脑游戏”这个社团，
学校是不批准成立的！
……

“走过路过千万不要错过，××组织今天在此摆点招新啦！”“过了这个村，就没这个店啦！”“加入我们的组织，为你创造精彩的大学生活！”……

新生进入大学校园不久，就会经历一次全校范围内社团的集体招新，这在有些学校被形象地称做“百团大战”，无论是规模还是气势，都是新生们前所未见的。只要你去招新的现场看一看，马上就会被学生社团的丰富多彩所吸引。这些五花八门的学生社团，涵盖了人文、科技、公益、体育、艺术等各个方面，社团的名字也多种多样。大到几乎每个学校都会有的文学社、读书社、爱心社、英语协会、吉他协会、棋牌协会、足球协会、旅游协会、就业与发展协会，小到根据不同学校风格，术业有专攻却各具特色的如古筝协会、天文爱好者协会、红楼梦研究会、证券投资协会、“三农”问题研究协会等，真可谓是一应俱全。

“大学入社团，天天有事干”，成了对大学社团岁月的描摹。大一新生面对林林总总、令人眼花缭乱的社团和学生组织更是充满了好奇和期待。告别了枯燥单一的高中生涯，新生往往在入学之初就对社团投入了大部分精力，而“老生”在经历了社团和学生组织的历练之后，也会对自己当初的选择总结和反思。社团生活带给我们什么？怎样选择适合自己的社团？如何在社团活动与学业之间求得平衡？也许从以下内容中，我们可以获得一些借鉴。

大学的社团、协会数不胜数，据不完全统计，全国平均每所高校都有学生社团四五十个，超过半数的在校学生都曾属于一个或几个社团，至于四年下来没有参加过学生社团活动的同学，真可谓是凤毛麟角，微乎其微。由此可见，选择加入一个或几个学生社团，对于每一位大学新生而言，都是件很有必要好好考虑一下的事情。

为什么要加入社团？这个问题的答案因人而异。有的同学性格比较内向，建议参加一些社团，这样能提高你与人沟通交流的能力。有的同学立志要做领导、要当公务员和老板，也建议你去参加一些社团。有的同学学习基础不太好，消化老师上课讲的内容还有问题，那就建议你暂时不要参加社团，先把学习搞好。毕竟学生的主业是学习。

面对形形色色的社团，不少新生很有一套自己的观点和目标，而另一些新生在对学生组织管窥蠡测的情况下便“闭塞眼睛捉麻雀”，最后只能“赔了夫人又折兵”。究竟要怎样大海捞针，选择最适合自己的社团呢？

选择社团和学生组织首先要考虑自己擅长什么和是否感兴趣，考虑自己大学四年想要怎样的生活，然后有目标地进行选择，千万不要盲目跟风，以免浪费时间和精力，挫伤自己的积极性。

小吴是位文静的女生，现在是学校学生处的学生助理。她曾在学生会的女生部、校青协、学生网站等工作过，可却一直找不到快乐的感觉。在女生部，她第一次被分配到的任务是去拉赞助。当时她才上大一，完全不知道该怎样做，也没人给出一点提示和指导，结果当然是白费力气。“从此我对拉赞助深恶痛绝！”小吴的精彩表现是在学生网站中展示出来的。在那里，她发挥了出色的演讲能力，最终成为网站协会的会长。然而，她心里还是时不时会冒出想逃跑的念头。“作为负责人，我每天都在思考组织什么活动，怎样安排人手，觉得很累，脾气也变得暴躁了。”最后，她发现自己的兴趣与协会的特征不一致，而且自己并不具备很好的策划和组织能力。随即，小吴果断地退出了社团。不久，她把握住了一个机会，成了学生助理，一干就是一年半。她说，虽然学生助理的工作看起来简单，但符合自己的性格，“我发现自己喜欢不紧不慢地做案头工作。”小吴在平凡的工作中学到了待人接物的技巧。现在，她可以通过来电显示和对方说话的用语、口气判断其身份，恰当地处理来电来访。老师们对她的工作很满意，她用心学习其中技巧，越来越得心应手。

“每个人内心都会有一个声音，指引自己找到兴趣所在。”小吴花了一年半的时间去尝试，最终找到了适合自己的地方。“不要觉得是在浪费时间——谁能一开始就知道自己适合干什么呢？大学生活就是让我们寻找自己的方向，所以要敢于尝试、敢于放弃、敢于和别人不一样。”

选择社团和学生组织，贵在精，不在多。一旦入选某个组织，就要尽快融入组织当中。认真做好社团的每一项工作，坚持到底。要清楚自己在社团中应该做什么，以及怎样培养各方面的能力，不要过于功利化，把职务看得过重，要知道不论做什么工作对自己而言都是很好的锻炼。

每个人适应新环境的速度不同，自身的综合素质也有差异，大家在选择社团时切记结合自身的实际情况和能力，未能进入也不要灰心，在失败中获取经验，这些正是我们大学四年中需要提高的地方。

社团是微观的社会。在社团中，不再会有院系和班级的局限，可以接触到更多其他专业的兄弟姐妹和高年级的师兄师姐，你会变得不再孤独；在社团中，评价一个人的尺度不再是那么单一，充分发挥自己的爱好和特长，展现最拿手的一面，你会获得更大的自信；在社团中，你可以培养团队合作的能力和领导才能，也可以发挥你的专业特长。但是更重要的是做一个诚心诚意的服务者和志愿者，或者在担任学生工作时主动做同学和老师之间沟通的桥梁，锻炼自己的沟通能力，服务同学和老师，这些经验都很宝贵。

当然，这个学习过程也不会轻松，遇到挫折是肯定的，但也不要灰心，大学社团里的人际交往学习是不用“付学费”的，错了完全可以重新再来。

大三学生小邓，说起社团，却是一脸的无奈。刚上大一时，怀着好奇和体验的心情，他一下子加入了七八个社团！什么笛箫社、爱心社、武术协会、志愿者协会，后来还加入了学校和学院的学生会。可后来，他却觉得这些社团多少都令他失望，他以前如火的热情也降到了冰点。

在校学生会的生活部，小邓踏踏实实地干了一年。但此后，生活部部长辞去职务，副部长忙于考研，他也就不知不觉被“抛弃”了。当时，小邓失落了好一阵子。可现在想想，很为自己这段经历感到不值：花费了整整一年精力，却没有“升职”。纠缠在那些琐事中，如值班、写海报、发传单、贴横幅，自己的办事能力、交际能力也没有什么长进。对于小邓来说，消耗在社团的时光简直就是自己的一大遗憾。

分析其中的原因，小邓说：“我们还只是学生，学习任务是主要的，社团只是一件次要的事情，拿不出太多工夫来折腾。如果再加上领导不得力，活动就更难开展了。”现在，新的保研制度与社团活动挂了钩，也就是说，担任社团社长职务的同学，在保研时可以加分。小邓说，有些同学就是看中这一点，几个人一商量，提交一份申请，草率成立一个社团。这种社团根本就不会为社员考虑，也无心举办活动，很多同学都觉得自己被利用了。

如果一个社团活动会影响你的学习，那么一定要及时作出调整。尤其是新生，对大学生活还没有完全适应，相对来说要学的课程也比较多，打好专业基础对接下来的学习生涯至关重要。所以，大一新生在学有余力的前提下，参加一两个学生组织或和自己兴趣、专业相关的学生社团是合适的，但开展过多的学生活动并不一定有助于自己的成长，有时反而会给自己心理上带来很大的压力。如果社团活动对锻炼自己的作用不大，那么要考虑这种活动是否对他人有帮助，而且自己对为他人服务是否有兴趣；如果这种活动对他人没有帮助，或者即使有帮助，你却对帮助别人没有兴趣，那么就完全不必考虑参加学生社团。

奔着自己的兴趣去参加了社团，但是你可能还要做很多跟自己的兴趣无关的事情。比如每次组织活动时的搬桌子、写策划、跑场地申请、联系赞助单位等等。社团负责人一般会按照个人能力而安排某个人去做某件事情。所以你要知道，如果负责人要你做什么，他是信任你在这件事情上能够做的比其他人好，所以还是尽心尽力去做。而且请相信，今天你所做的看似“无关”的事情，日后进入社会可能会给你莫大的帮助。

现在一些学生组织内有不良现象是事实。高校学生会、学生团委是大学中的学生自我管理机构。有少部分同学由于功利心作怪，只想到学生组织中谋取一官半职，而不是踏踏实实为同学服务，这样不仅浪费时间，而且也不利于自己的长远发展。如果你发现有类似情况，就不必继续参与。因为合作与沟通能力的培养，也可以通过其他方面——比如学业的交流、课程实践项目等来进行，不要强迫自己当学生干部或参加不喜欢的社团活动。

新生小毛的自述：由于大一开学初参加面试的社团和学生会都没通过，使得我的大学生活注定失去学生社团锻炼的平台，看到身边的同学和师兄师姐都能在这些社团中得到锻炼，提高自己的能力，而自己什么都没有，很羡慕他们又很不安。我学的是管理类，专业是人力资源管理，比较注重实践能力和交际能力，由于失去了这些平台，在这两方面能力提升的空间也受到限制。不知如何是好，以后毕业的话没有这些实践经验，想必找工作也会很难吧。是不是没参加这些活动能力就注定得不到提升呢？接下来三年我该从哪些方面去弥补呢？

其实，大学生活丰富多彩，它完全不同于高中时为了高考实行“题海战术”的生活模式。在大学里，你可以根据自己的兴趣爱好和空闲时间来规划自己的学习生活，学习自主性将得到全面发挥。而参加各学生组织的活动也成了大学生活不可或缺的一部分。当然，没能加入社团和学生组织并不意味着大学生活的不完美。没有参加学生组织的同学可以去做一些兼职，寻找勤工俭学的机会，或者参加暑期社会实践等，这也是锻炼自己的一种方式。如果你具备一定的领导能力和组织管理能力，能找到和自己志同道合的社团发起人，按照学校相关部门成立学生社团的条件和程序，也可以自己成立社团。当然，组建社团也不能抱着保研或者评奖学金可以加分的功利心态，而应该把社团当做一个可以为自己和团队提供一个真正锻炼、提高能力的平台，并且这个团队要有凝聚力，组织结构需呈现多元化和综合性，同时还能服务同学。此外，在大学期间还可以留意一些国家、省(市)或者学校举行的大型活动，有些赛事、论坛或者会议需要招募大学生志愿者，有兴趣和特长的同学不妨积极准备，努力尝试，也会从中学到许多书本上学不到的知识，得到实践能力的锻炼和提升。在假期要多留意一些公司和单位招聘实习生的信息，不仅可以发现自己的潜能，为未来职业生涯做好规划和铺垫，而且可以获得工作经验，增加求职砝码。

温馨提示

大学中评价一个人的尺度不再那么单一，你在某个方面闪光的地方，可能就会成为别人欣赏和赞叹的对象。

请记住：参加学生会不是为了“当官”，而是真心为同学服务。

“重在参与”是学生社团的真实写照，而不是弱者的心理安慰。

5. 天下无贼？

——安全健康在我手

生命不可能有两次，但许多人连一次也不善于度过。

——吕凯特

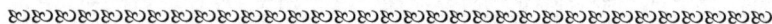

8月23日，正是新生报到的时候，某高校大一新生张婷(化名)遇到3个学生模样打扮的男子，3人自称是来看同学的，分别来自三所高校。3人告诉她，他们住在喜来登饭店，因钱花光了，面临被赶出来的境地，其中一男生李龙(化名)说，想和叔叔联系打钱过来，希望能借用张婷的银行卡。

张婷想，遇到有困难的人理应帮助对方。张婷于是告诉对方："我卡里有5100多元钱，你们打在我卡里吧。"

李龙当即便与叔叔联系，在电话里，李龙把对张婷说的话说了一遍，然后说打3万块钱到卡里，并将张婷的卡号告诉了对方。

随后，李龙等3人让张婷一起去提款机上看钱到了没有。但是查询了数次都发现钱没到账上。李龙等3人又拿卡在学校对面提款机上查询，钱还是没到。李龙顺手拿过卡说："奇怪，怎么还没到账？"随后又将卡还给了张婷，之后3人借故离开了。

3人离开后，张婷觉得这几个人有点奇怪，于是拿出银行卡检查，却发现这张卡并非自己的那张，急忙到银行查询，发现这是张废卡，而自己卡上的钱早已不翼而飞。她这才明白自己被骗了，立即向派出所报了案。

近年来，一些高校发生的诈骗案，多是以“借用银行卡打钱”等名义进行诈骗。不法分子多选择入校新生尤其是女生为目标，先是以学生身份取得受害人的信任，再取得对方的同情，最后实施诈骗。还有一类，是利用交通、通讯不便利对学生家属进行诈骗。不法分子利用掌握到的信息和受害人家长联系，称其是对方儿子(女儿)的同学，并以“你儿子(女儿)现在出车祸了在医院需要钱”这类方式骗取受害人家人的信任，诈骗钱财。

大学校园基本上是一个开放式的场所，很多外来人员可以进入。而新生初来乍到，许多事情要独自面对，缺乏各种生活经验。有的新生更是第一次出远门，安全意识不强。无论在校园内，还是在校园外，新生都要时刻保持清醒的安全意识，以确保自己的人身与财物安全。

新生进校期间，校外一些不法人员会冒充学校某部门的名义混入宿舍楼向学生兜售一些自称学校规定每个人都必须买的东西，如上网开账户之类；或冒充班主任等名义收取各种费用。对此，要切记学校不会到寝室卖东西给学生，一般都是以班级为单位统一购买发放，班主任等校方人员也不会上门收取费用，谨防上当。

为防止不法人员对学生进行各类诈骗活动，学校一般禁止一切上门推销的活动，各宿舍楼值班人员会阻止推销人员进入宿舍楼。对于上门推销人员或冒充各种名义进行兜售的，请大家不要相信也不要购买，同时，在发现此类情况时迅速报警或联系学校管理人员。

对于很多刚刚搬进寝室的新生来说，一定要注意寝室的防盗。寝室没人的时候要锁门，即便是几分钟也要坚决贯彻，小偷往往就是在你下楼打水、洗衣的短短几分钟内行窃的；最后一位离开宿舍的同学一定要记得随手锁门，晚上睡觉要插门；低楼层宿舍谨防窃贼从阳台入室，晚上睡觉或寝室无人时要锁阳台门；宿舍内不要放置大量现金，

同学您好，我是XX大学过来这边学习交流的，跟老师走丢了，行李也被偷了，能不能借点钱打个电话呢？
车站
实在太不幸啦，同学放心，一点小钱我还是有的，你别着急啊
谢谢同学啦
等等……，你说你XX大学的，问你个问题
x^2求微分是多少
什么东西
小骗子，想忽悠我啊
幸好我够聪明
哼，小气，不做你这个生意了

建议使用银行卡，并妥善保管银行卡、身份证等物品；手机、笔记本电脑、皮夹等贵重物品，不要随意放置在桌面上，抽屉要上锁；离开教室、图书馆时，即便是暂时离开，也请带走随身物品；饭卡要随身携带，不存太多的钱，丢失后立即到饮食服务中心微机室挂失；不随意留宿外来人员；对形迹可疑的陌生人要提高警惕，留心观察；注意保管好自己的钥匙，不要轻易借给他人；遇到犯罪分子正在作案时，要进行斗争，并立即报告保卫处或拨打110报警。

陕西某高校大学生张某，虽然是个近视眼，可他却最喜欢戴着耳塞边听音乐边走路边看书，有时候车到了他跟前才发觉。同学提醒他要注意，他却当作耳边风。2007年11月的一天下午，他跟往常一样一边听着音乐、一边看着书回宿舍。经过一个十字路口时，一辆桑塔纳轿车从他左侧开过来。汽车鸣笛，他丝毫没有避让的意思，结果汽车刹车不及时而将他撞倒，幸好车速不是太快，否则性命难保。

随着高校改革的不断深入，高校与社会的交流越来越频繁，校园内人流量、车流量急剧增加。许多高校教师拥有私家轿车已不算稀奇，摩托车更是普遍，学生骑自行车的很多，开汽车上学也已不再是新闻了。校园道路建设、校园交通管理往往滞后于高校的发展，一般校园道路都比较狭窄，交叉路口没有信号灯管制，也没有专职交通管理人员管理；校园内人员居住集中，上、下课时容易形成人流高峰，致使高校的交通环境日益复杂，交通事故经常发生。许多大学生头脑里交通安全意识比较淡薄，有的同学在思想上还存在校园内骑车和行走肯定比公路上安全的错误认识，一旦遇到意外，发生交通事故就在所难免。

芸芸众生，孰不爱生？无论是在校内还是校外，大家一定要提高交通安全意识，掌握基本的交通安全常识，自觉遵守交通法规，才能保证基本的人身安全。在道路上行走，应走人行道，无人行道时靠右边行走。走路时要集中精力，“眼观六路，耳听八方”；不与机动车抢道，不突然横穿马路、翻越护拦；不闯红灯，不进入标有“禁止行人通行”、“危险”等标志的地方。乘坐市内公共交通工具时要等车停稳后，依次上车，不挤不抢。车辆行驶中不得把身体伸出窗外；乘坐长途客车、中巴车时不能贪图便宜而乘坐车况不好的车，不要乘坐“黑巴”、“摩的”，因为这些车辆安全没有保障。乘坐火车、轮船、飞机时必须遵守车站、码头和机场的各项安全管理规定。

一旦发生交通事故，要及时报案，保护好事故现场，发动周围的人帮忙设法控制肇事者，若实在无法控制也要记住肇事车辆的车辆牌号、型号和肇事司机的体貌等特征。

据报道，2004 年 10 月 2 日晚 8 时 25 分许，某高校公寓 301 宿舍发生一起火灾事故，致使配置给该宿舍使用的箱子架、物品柜等设施因火灾被损，另有价值 5000 余元的学生个人财物被烧毁。经查这起火灾事故是有同学违反学生公寓管理制度，在宿舍内私自使用大功率电器而造成的(寝室当时无人)。具体原因是：插在主接线板的电热杯放在箱子架顶层，水烧干后自燃，并引燃临近的易燃品，如箱子架上所放的书籍、衣物、被子等，最终酿成火灾事故。

学生宿舍系集体场所，防火安全十分重要，注意事项有：不乱接电源，直流电源不用时应立即取下；不焚烧垃圾；不在室内点蜡烛看书；不悬挂床帘、门帘；不在室内存放易燃易爆物品；不擅自使用煤炉、液化炉、酒精炉等灶具；不使用电炉、“热得快”等大功率电器；在任何情况下，都要保持疏散通道畅通；爱护消防器材，掌握常用消防器材的使用方法；发现火灾险情，在拨打校内报警电话的同时，可视火情拨打“119”报警，以减少损失；学习和掌握一定的防火、救火及逃生知识。在此特别提醒：火灾袭来时要迅速疏散逃生，不可蜂拥而出或留恋财物；身上着火时可就地打滚，或用厚重衣物覆盖压灭火苗；必须穿过浓烟时，应尽量用浸湿的衣物披裹身体，捂住口鼻，贴近地面；大火封门而无路逃生时，可用浸湿的被褥衣物等堵塞门缝，泼水降温，呼救求援；火灾袭来时，身处楼上的人员应判清火情，保持镇静，不可贸然跳楼。

来自安徽农村的成某，是上海某高校的一名大学生。2009年下半年，他在网上认识了一位自称家住南京的女孩，很快陷入“网恋”。成某和“女友”约定在南京见面。当成某赶到南京时，迎接他的不是女网友，而是一群陌生男子。原来，“女友”的真实身份是一名传销人员，所谓的网恋仅仅是传销头目策划的，用来骗取新人的“诱饵”。

得知真相后，成某的第一反应就是赶紧逃离现场。无奈看守他的人员太多，他一直没能找到机会。直到看守人员注意力开始松懈时，成某才找准机会逃出了房间。不幸的是，面对穷追不舍的传销人员，成某在逃跑过程中不幸坠楼，当场身亡。

为何受高等教育的大学生往往会轻易卷入非法传销活动的陷阱呢？主要是由于当前就业压力大，大学生容易受到传销分子打出的“好工作、好福利待遇”的诱惑。其次，大学生社会经验欠缺，辨别能力相对较差，也使得他们容易被传销分子欺骗，尤其是容易被陷入传销的亲友同学所骗。

一般非法传销组织上课的操作流程是：向新人讲一些通过非法传销使人成功致富的案例，让人们内心有一种强烈的发财致富的愿望，相信自己是一个无所不能的人，使新人头脑发热，失去正常的思维能力；向新人讲所谓的创业原始成本投入的重要性，要求新人为自己所谓的创业投入第一笔资金；等新人确信非法传销可以致富之后，他们便会怂恿新人到处筹钱购买他们的产品，价格几千元不等；当新人交钱后便成了他们的囊中之物；为了收回投资，新人只好又去骗自己的亲人与朋友；走上一条出卖自己良心的不归路。

在培训课上非法传销组织讲授的理论多数为卡耐基成功学中的内容。这些知识本身是正确的，对于大学生来说，既新鲜又吸引人。但非法传销组织会在新人吸收这些正确知识的同时，牵强附会地将骗人理念灌输进去，达到“洗脑”的目的。

大学生参与传销有哪些危害呢？其一是荒废学业，其二是摧毁大学生的人生理想，其三是改变大学生的人生轨迹和思维方式。有的同学即使被解救出来，但已经造成了经济上和精神上的双重损失，承受巨大的心理压力。

那么，如何辨别传销呢？传销没有正规的办公场所，没有产品，无生产经营活动。有很多时候，传销都是以提供就业渠道作诱饵。所以同学们在寻找兼职或应聘时，要通过各种方式了解、核实应聘公司信息。如果应聘公司在外地，可以打电话咨询当地的工商部门，一定要保证就业信息的真实性。另外，现在传销的窝点都在由城市的边缘向偏远的城乡结合部转移，一般多是在小城镇的周边，而这也是我们应该注意的。如果提供的工作地点过于偏僻，则更要警觉起来。

如果误入传销，一定要主动寻求帮助，及时与当地公安部门取得联系，寻求解救。一旦人身受到控制，也要尽量保持手机畅通，通过手机短信等方式向自己的老师和校方求助，校方会协同当地公安、工商等部门进行解救。

温馨提示

预防诈骗首先应该是不贪钱财，不图便宜。

夜间不要单独到偏僻的地方行走，遇到抢劫时伺机逃脱，在有人的地方大声呼救，并在第一时间报案。

不要单独与网上认识的朋友会面，如认为非常有必要，一定要到公共场所，并且要有父母或比较有社会经验的朋友陪同。

6. 情绪如同天气，学会心灵按摩

——给自己找个减压阀

一切对人不利的影响中，最能使人短命夭亡的，就算不好的情绪和恶劣的环境了。

——胡夫·兰法

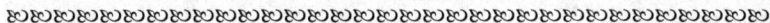

一位大一女生的自述：“我来自一个并不富有但还比较宽裕的家庭，父亲非常爱我，但我在童年时，受过重大创伤。自从这件事发生后，我不再相信任何人，也不再相信人们确信不移的友谊、爱情等，我想通过努力学习离开原来的生活环境，开始新的生活，摆脱童年生活的阴影。来到大学后，看到同学们都快乐无忧地生活着，长久潜藏于心的愤怒悄悄地滋长着。我不知道如何化解与排解这种情绪，便经常翻同学的书柜和床位，将她们正在看的参考书藏起来。我并不是为了看书，只要看到她们焦虑、着急的样子，我内心的愤怒便找到了发泄的出口。光是这样还不解气，我甚至将同学的存折悄悄取出，并将钱全部花掉以化解我心中的愤怒。”

这位女生在童年遭受的挫折与伤害，因为缺乏必要的心理辅导与心理支持，在升入大学后并没有得到及时的解决，因此她潜在的

愤怒并没有得到缓解而是压抑起来，并寻找适当的机会进行发泄，最后导致受到学校纪律的处分。

美国著名情商培训专家摩里·克里斯汀说：“情绪是我们心中的一片海洋，高情商者收获丰富，低情商者自我埋葬。”每天拥有好情绪，是优质大学生活的基本保障。

现在有很多大学生把“郁闷”整天挂在嘴边，但对什么感到郁闷，却几乎很少有人说得清楚。每个人的“郁闷”各不相同：有生活乏味的郁闷，有减肥不成功的郁闷，有没找到男女朋友的郁闷，有自己不够漂亮的郁闷，有因为粉刺、雀斑引起的郁闷，还有考试压力的郁闷。相当一部分同学不管遇到什么问题，总是喊着郁闷，而且总想逃避，不愿意面对现实。这其实是人们主观上预料学习、生活中将会有某种不良后果产生或对未来结局不确定性所产生的不安感，是紧张、害怕、担忧混合的情绪体验，也就是我们经常听到的焦虑。

其实，焦虑存在于大多数人的生活中，生活中哪里会风平浪静，没有一点让自己感觉到不好受的事情呢？当我们在学习、工作、生活各方面遭遇挫折或担心需要付出巨大努力的事情来临时，便会产生这种体验。焦虑的大学生在内心深处有一种无法解脱、不愿正视的心理问题，焦虑只是矛盾、冲突的外显，借此作为防御机制以避免那更深层次的困扰。要克服这种状态，可以通过多运动，找朋友倾诉一下，多听音乐，还可以多读一些好书，写写日记等，合理宣泄不良情绪，缓解烦闷的心情。

某高校大一新生小方，刚上大学有些不习惯，不过适应能力还算好，与班里的同学相处得比较好，大家对她的印象也不错。可是小方却总觉得自己压力很大，干什么事情总是没有精神，情绪很不稳定。当她情绪不好的时候，就无法控制自己近乎疯狂地吃东西，似乎这样会得到快感和满足，什么都不用想。后来，她买的东西越来越贵，在深感自责中放纵自己。对外表和体重很敏感的她，又为自己的贪吃而导致变胖感到痛苦。时间一长，小方把精力都放在了与学习无关紧要的事上，导致生活不规律，学习不规律，饮食不规律，生活学习一团糟，情绪极不稳定，对什么都很没有信心，对什么都没兴趣。她觉得对不起所有对她有期望的人，父母、同学、师长，包括自己，可还是很难控制自己的情绪，经常觉得好像有两种人格在厮杀。她很害怕，但是不知该如何做……

小方到底怎么了？小方之所以难以控制自己的情绪，导致兴趣减退、体重剧增、产生消极的自我观念、注意力不集中等，是由于心理压力与焦虑引发的抑郁症状。一般来说，这种情绪多发生在性格内向，比较孤僻、敏感多疑、依赖性强、不爱交际、生活遭遇挫折或者长期努力得不到回报的大学生身上。那些不喜欢所学专业，或人际关系处理不当、遭遇失恋的大学生也会产生抑郁情绪。

要想拥有积极健康的大学生活，我们应该学会去克服和消除抑郁情绪。要培养积极乐观的心态，多肯定自己，在小纸条上面写上肯定自己的话，比如："每一天我都会变得越来越好。""超越自己，我能！""我喜欢自己，我长得很美，人人都爱我！"把纸条放在钱包里，或夹在书里当书签，经常拿出来看一看。消极的心态会使人的希望破灭，摧毁人们的信心；积极的心态则会使你充满活力，激发自己的潜能，使自己迈向成功的阶梯，甚至创造奇迹。此外，还要学会合理宣泄自己的不良情绪。《心理访谈》主持人阿果说："我情绪不好的时候就去睡一觉，起来什么事儿都没了。"把自己积累在心中的郁闷全部倾诉出来，相信你的朋友和家长，他们都会给你想要的鼓励和支持，帮助你尽快走出阴影。对于90后大学生来说，还有重要的一点，就是要锻炼自己坚强的意志。没有挫折的成功是不堪一击的，人生不会一帆风顺，挫折和失败是不可避免的，关键在于你是否有坚强的意志去打败他们。丘吉尔曾经说过："我成功的秘诀有三个：第一是决不放弃；第二是决不、决不放弃；第三是决不、决不、决不放弃！"正是丘吉尔这份坚强的意志和强烈的自信，才带领英国人从纳粹的魔爪中将英国拯救出来。面对挫折只要拿出自己的勇气，坚强的意志，不放弃努力，就会从挫折中磨炼出成就大事的黄金大道。

这是发生在两位大学生之间的事：学生A、B是某重点高校的学生，本科期间两人是形影不离的好友。在研究生学习期间，两人同时被美国大学录取。只因A申请的学校排名高于B申请的学校，B膨胀的嫉妒心使她无法面对A优于她的现实。于是，她以A的名义向A申请的学校写了一封信，拒绝去美读书。当A得知最终结果时，她无论如何不能相信事实。而B的理由只有一条：嫉妒。这一致命的弱点毁掉了两个青年的前程。

嫉妒是自尊心的一种异常表现，在大学生中普遍存在。具体表现为当看到他人学识能力、品行荣誉甚至穿着打扮超过自己时内心产生的不平、痛苦、愤怒等感觉；当别人身陷不幸或身处困境时则幸灾乐祸，甚至落井下石，在背后恶语中伤、诽谤他人。嫉妒是一种情绪障碍，它扭曲人的心灵，妨碍人与人之间正常、真诚的交往。嫉妒心强的人往往事事好胜，常想方设法阻止别人的发展，总想压倒别人。嫉妒心强可能使同学们想躲开你，不愿与你交往，从而给自己造成一个不良的人际关系氛围。你会感到孤独、寂寞，还会造成个人的内心痛苦。一个嫉妒心强的人，常常陷入苦恼之中不能自拔。时间长了会产生自卑，甚至可能采取不正当的手段去伤害别人，使自己陷入更恶劣的处境。

我们要学会从内心深处去尊重他人，客观地评价他人，能找得出别人的优点。生活需要一双发现的眼睛，如果你仔细观察，就会发现身边的同学具有这样或者那样的优点和长处，值得我们去学习和模仿。当然人的弱点之一就是希望别人欣赏、尊重自己，而自己又不愿意去欣赏和尊重别人。有很多人非常容易看到别人的缺点而很难看到别人的优点，容易看到自己的优点而很难看到自己的缺点。我们要学会克服这些人性的弱点，开阔心胸，豁达开朗，懂得欣赏他人，尊重他人，建立正确的自我意识，积极进取，使生活充实起来，实现心理平衡。若出现嫉妒苗头，则进行自我约束，摆正自身位置，努力消除嫉妒心，会感到“心底无私天地宽”。

新生玲玲的自述：“我觉得身边的朋友都不真诚，没有心与心的交流。他们太世俗化了，人人都带着面具生活，无形中，人与人之间就多了一道隔阂。现在的大学生都很有个性，有时独来独往，我行我素，说得不好听点，有些自私。他们往往不顾及别人的利益，想啥是啥，又说一套做一套的，我的付出总是得不到应有的回报。其实我要求的不多，哪怕是一个笑容，或者一声问候，难道是我奢求吗？我向往那种互相关心互相帮助的友谊，渴望有个真正的知心朋友。在偌大的校园，有时竟找不到一个可以陪我聊天的人，真的很可悲。我无法掩饰自己的情绪，高兴和不高兴都表现在脸上。当我不喜欢一个人时，做不到再去和他谈笑，因为我也不喜欢做作。有时我以为只要我好好待他们，他们也一定会一样对我的，可事实往往让我很失望。”

可能玲玲的苦恼在很多大一新生身上都普遍地存在，他们多感叹大学里“知己难求”。总是在宿舍的“卧谈会”上一遍遍地怀旧，怀念中学时代的那些“铁哥们”和“铁姐们”。有很多同学难以排遣“孤独”、“寂寞”的情绪，有些甚至网络成瘾，在虚拟世界里逃避现实生活中的烦恼和情绪问题。一些大学生对人际交往具有浓厚的理想主义色彩，对友谊的渴求十分强烈，人际交往的期望值过高，一旦期望值难以达到，就容易对人际交往采取消极冷漠的态度。另外，不少大学生或多或少地怀有封闭心理，担心自己在社交场合不善言谈，担心自己缺少社交风度和气质，不被人重视接纳。有些同学很想正常地与人交往，却因生性内向，过于腼腆，存在思想顾虑，从而游离于校园交际圈之外。一旦在心理上与人群格格不入，就不可避免地陷入紧张、焦虑的情绪之中。

其实，生活中要交到一个知心的朋友很难，要不然怎么会说“人生得一知己足矣”呢？和朋友在一起，我们可以表现最真实的自己，但不能不顾别人的感受，想做什么就做什么，也不能不为别人着想，喜怒哀乐都写在脸上。再说，生活并不是等价交换，付出不能过度计较回报。只要我们真心付出了，由于我们的帮助给别人带来了快乐，我们不也感到幸福了吗？

温馨提示

要铭记在心：每天都是一生中最美好的日子。

生活里有太多的逆境，它是生活中的偶然，但在理性者面前，偶然会转化为令人快慰的必然，偶然与必然尽管有理论上的反差，但它可在理性和智慧中达到完美的统一。

除非我心平气和，否则迎来的又是失败的一天。

健康源于心，积极心态像太阳，照到哪里哪里亮；消极心态像病毒，传到哪里哪里遭殃。

第二章　学习篇

——学而时习之，不亦乐乎

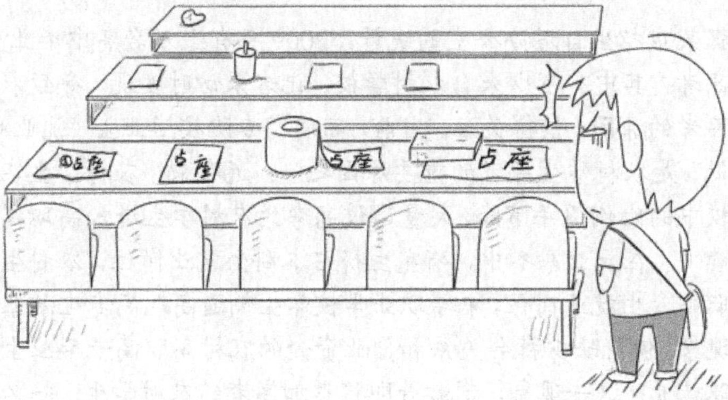

1. 学习，就是一种生活态度

——为什么学习

大学四年，我最大的收获，就是学会了思考。

——丁磊

据某市招生自考办公室的统计，2009 年有上万名高中毕业生放弃高考，其中有不少来自农村学校。记者采访时发现，导致农村学生弃考的原因，值得关注。当前，高职高专院校毕业生“就业难，收入低”是农村学生弃考的重要原因之一。近年来，农村学生在重点高校中的比例逐年下降，大量通过高考的农村学生进入高职高专院校读书。在就业寒冬中，研究生挤占本科生就业岗位，本科生挤占高职高专生就业岗位，中等职业学校学生倒逼高职高专生就业岗位的现象，使得缺少社会关系和创业资金的农村高职高专毕业生难以求职就业。这一现象，刺激着即将参加高考的农村学生。一名农村教育工作者告诉记者，面对当前竞争激烈的就业形势，不少农村学生自认考不进名牌大学，读高职或高专可能找不到理想的工作，还不如早打工，早挣钱。

由上面的例子可以看出，很多高中毕业生都把工作与上大学学习联系得非常紧密。那么，你是否想过我们到底为什么要上大学吗？

首先，“大学”是什么？有人说，大学是培养专家、学者的地方，是培养国家栋梁的地方。没错，这是大学的一个重要功能，但却不是全部。原北大校长蔡元培曾在美国伯克利大学中国学生会上阐述其大学理想——中国的孔墨精神，加上英之人格教育，德法之专深研究，美之服务社会。也就是说，大学决不只是一个培养人才、栋梁的地方。

从学习内容上说，大学确实是我们系统学习专业知识的开始。大学教育具有明显的职业方向性。不同专业方向的学生将坐进不同的课堂学习不同的专业知识。不同专业的学生都需要从本专业的基础课程开始学习，不断深入，在头脑中逐渐建立起本专业的知识架构。问题在于这些专业知识在社会上的培训班也可以学到，甚至培训班的知识更新速度更快，尤其是很多应用型知识，如计算机技术、多媒体设计等。

那么大学到底为我们提供了什么与别的教育所不同的东西呢？读大学仅仅是为了拿到大学毕业证找个工作吗？凡是读过大学的人都有这样的共同感受：好像在大学里没有学到什么东西，但在毕业后又觉得还是学了点什么。因为在读大学前后的短短几年，除了一张毕业文凭外，人本身确实有了很大的变化。都说受过正规高等教育和没有受过正规高等教育的人确实是不一样的，这个“不一样”究竟体现在哪里？

除了一纸文凭外，大学学习的真正价值究竟是什么？

著名教育家斯金纳(B.F.Skinner)有句名言：好的教育，是学生毕业多年，把所学到的功课差不多都忘记掉以后，还能剩下来的那些！

非常精辟！还能剩下来的就是在大学里孕育出来的人的品德、人的习惯、人的能力和人的精神。如果我们换个角度看，在大学只记住了功课，只考到了好成绩，那在毕业后把这些功课忘掉以后，就什么都没有了？！大学就白读了？

哲学问题
马哲老师：马克思主义哲学原理
马哲是我大学上的第一堂课，
良好的开始是成功的一半。
刚入校门的人，对学习抱有着极大的热情，期望着能拿奖学金，偶尔帮助一下别的同学。
感谢国家
感谢父母，
感谢学校！
1
2
3
奋斗
嗯~~这个问题难，这样，放学后我单独给你辅导一下…
为表现勤奋好学，课后及时请教老师！
老师，关于这个“否定之否定”规律，学生不太理解！
这个问题，黑格尔和费尔巴哈有过不同的观点。
以我多年的研究，总结出来就是：敌人的敌人就是朋友！
嗯~~~有道理，哲学果然博大精深~~

于丹老师给大家讲了这样一个故事：有一个徒弟问他的师傅一碗米能有多大价值。师傅若有所思地说："因人而异。把这碗米交给一个家庭主妇，加点水，上锅蒸上十几分钟，出来一碗米饭，这是一块钱的价值；在一个有点经济头脑的小商人手里，他把它泡一泡、发一发，分四五堆，用粽叶包起来做成四五个粽子，就是四五块钱的价值。同样一碗米如果交给一个大商人，他加入酒曲，再加热、发酵，出来一小瓶酒，这个酒可能值二三十块钱的价值。所以一碗米的价值因人而异，人生的价值也因人而异，上大学对我们每个人而言也是不同的。"

在人的成长过程中，大学阶段是一个很特殊的阶段。它并不是小学、中学的延续。大学时期经历了人生两个最重要的过渡期：从高中生到大学生，开始专业学习的过渡期；还有从大学生到成人，开始独立于社会的过渡期。大学时期就是一个"成"人"立"世的准备期。如何正确面对大学生活，使自己的大学生活过得有意义，是大学生最应该知道和明确的，远比单纯的专业学习重要。

许多已经取得伟大成就的人，总会表示感激母校曾经给予他们的培养。其实，他们的伟大成就所基于的因素也不是在大学里由老师直接教给他们的，而是通过大学提供的条件培养出了基本的能力，并利用这些能力创造出伟大的成就。

大学是为你以后的人生打下所有基础的训练场。你要靠自己训练自己的能力，包括学习的能力、判断的能力、待人处事的态度。这个训练场是自由的，有很多锻炼的机会，也有很多教练，但没有人强迫你去锻炼，或者去做任何事情。你可以轻松自由、袖手旁观，也可以艰苦努力、积极参与，一切都由你自己决定，只有你才能为自己的态度和决定负起责任。

如果你希望在进入社会后，在任何时候、任何场合都可以做到从容不迫、得心应手的话，那你就必须自己把握机会，在大学学习期间就要利用一切可以利用的资源，孜孜不倦地学习和锻炼。在大学的时候对自己宽容，就是对以后的自己残酷。在大学里看起来非常苛刻的要求，却培养了勤奋、刻苦的学习态度。学校里任何苛刻的要求，都比不上社会的冷酷无情，你在学校的时候是察觉不到的。但当你走上社会后，就会产生一种感触，相比于社会，大学就是天堂，你会庆幸起码在大学经历了一定的艰苦锻炼，这种锻炼将给你战胜任何困难的信心。

小张是一名大一新生，他告诉我们："大学生逃课是各个大学院校的公开秘密。就我们学校而言，据说大学四年的规律是：大一上老实，大一下开始堕落，大二春风得意，大三昏天黑地，大四就更不用言传了。我的一个师姐告诉我，她们班有个同学，逃了两个星期的课在寝室睡觉。无独有偶，上学期期末的时候，我们寝室有位同学出去旅游而旷了一星期的课，结果两门缺考，挂了红灯。在我们刚进大学的时候，心里是充满了梦想和迷茫的。因为大一的时候多多少少都还残存着高三时期的志气和理想，我们还相信在自己的努力下就能获得成功。一个学期过去了，也让我体会到了很多，因为看的多了，总也长了见识：大学就是一个活脱脱的小社会，规规矩矩读书的可能是好学生，却不一定可以弥补在学习之外的失败，而学习之外的活动其价值可以远远超过学习本身。"

从上面这个案例中可以看出，对于大学生逃课，有着各种各样的说法，大家的看法也不一致，我们并不能绝对地说大学不能逃课，但也不能武断地说："大学里不逃课的学生不是好学生。"问题在于，逃课的目的是什么，像有些同学逃课是为了睡觉，为了旅游，最终导致挂科，这样的逃课我们当然不提倡。相反，如果逃课是为了获取必备的能力，在不影响自己学业的前提下，还是允许灵活安排自己的时间去做一些力所能及的事情。

不管是学习的能力、判断的能力，还是待人处世的能力，其培养都是通过学习的过程而逐步实现的。这种学习过程所采取的学习方式，不可能是灌输式和接受式，而是感受式和创造式。因为大学的学习不再只是为了获得知识，而是通过学习知识的过程发现知识的来源，通过这个发现过程培养自己的独立判断能力，通过独立判断能力由自己去发现新的知识。大学的学习过程，就是要让你懂得学习是感受知识、理解知识的产生和发展的过程，并通过这个过程培养收集、处理信息从而获得新知识的能力，是创造性的学习。

大学就是这样一个地方和氛围，它为你在社会的“出生”和“成长”准备各种应有的条件，以培养你的能力：立于世的能力、善于事的能力、容于人的能力、博于学的能力。这就是上大学的真正价值。

温馨提示

大学时期就是一个“成”人“立”世的准备期。

大学是为你以后的一生打下所有基础的训练场。

你要靠自己训练自己的能力，包括学习的能力、判断的能力、待人处事的能力。

2. 从土拨鼠，到喜羊羊

——怎样学习，才能取得高效率？

学到很多东西的诀窍，就是一下子不要学很多。

——洛克

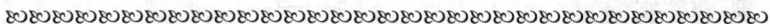

孙某，女，眉清目秀，五官端正，衣着朴素，笑起来甜甜的，特别单纯可爱。可是当她走进我的办公室时，我已经从她那水灵灵的大眼睛里看到了忧郁。原来，孙同学在高中时成绩异常优秀，颇受老师青睐，与老师关系也特别密切。进入大学后，老师讲课飞快，并且带有地方口音，她许多地方听不懂，下课后不少练习又完成不了，尤其是"信号"和"模电"等课程的作业怎么也做不完，自己已十分努力，每晚学习到 12 点，导致睡眠不足，最后期末成绩在班上排到了第十二名，没有得到一等奖学金。她心里很烦恼，经常自责，常想一些无聊的琐事，与同学斤斤计较，越这样，越学不进去，并且时常有疲倦乏力的感觉。

现在，知识总量的翻番周期越来越短，这就要求我们学习的速度必须快于变化的速度。现在的学生要学习的知识比以前多很多，才不至于被淘汰。所以，我们每个人，包括大学生，都面临着像孙某一样，如何提高学习效率的问题。学习效率的提高可以使你快速而全面地获取信息和知识。

如何提高学习效率？答案是：有效地利用时间＋合适的学习方法。

学习是在时间中进行的，毋庸置疑，谁能拥有最多的时间，谁就有机会获得更多的知识。信息时代，每个人的生活和学习节奏如车轮般飞转，加之身处一个终身学习的时代，高效、合理地利用时间，做时间的主人，便成为提高学习效率的关键。

下面是一些有效利用时间的小秘诀，大家可以参考使用：

利用时间就如同整理行李一样，从小件的东西开始。如买生活用品、洗衣服等无须特别安排的琐事，可以利用课余时间顺便完成。这样，一方面可以调整学习的紧张状态；另一方面可以转换自己的不良情绪。

在学习同一内容的材料时，最好是学科相间，文理相间，以免大脑产生抑制作用，减低学习效果。当心情不愉快时，也可以适当调整原来的学习计划，把心中介意的小事尽快处理完。比如，当读到英文时，可以立刻改为喜欢的计算机；如果原来计划读 20 页书的，可以改为 15 页等。如果一味勉强自己，则只会使你的心情更坏，收效更差。千万不要小看这些不愉快的小事情，哪怕再细微再琐碎，也会严重地干扰你的学习。

花长时间去思考一个问题，等于花时间来让头脑疲倦。当你在学习中遇到困难，一时想不到解决办法时，如果继续苦苦思索，不惜花上再多的时间，则是愚蠢的做法。遇到难题一时解不出，搁置往往是有益的。有时，当你学习到一定程度时，就会莫名其妙地感到疲倦、消沉，进度减慢，不管你如何努力，都感到力不从心。这是学习上的“高原时期”，每个人都会遇到。在这个阶段，连最好学的学生都容易对学习失去信心。遇到这种情况时，你不要惊慌，这种状态只是暂时的，做一些适当的调整，尽量减轻负担。

很多人注重了整体时间的安排，却往往忽略了零星时间的使用。而零星时间加起来却多于整体时间！事实上，时间通常不是一

另类计时

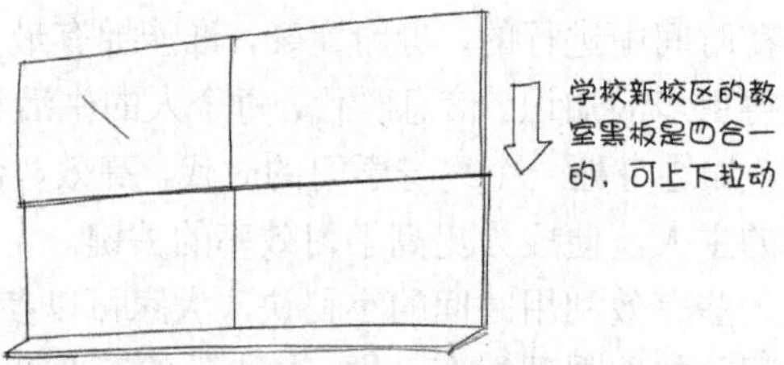

学校新校区的教室黑板是四合一的，可上下拉动

高数老师上课很有规律，每节课都是写满四个黑板之后，擦掉第一再写满第五个，正好下课！

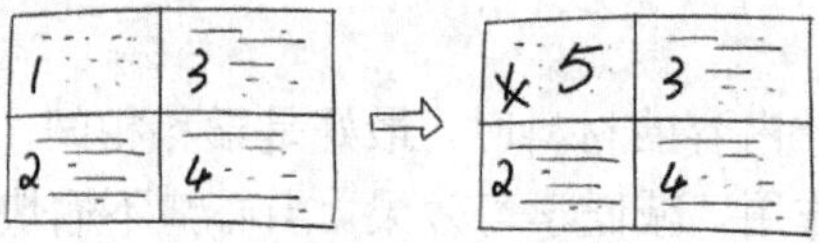

天天浪费掉的，而是一分钟一分钟悄悄溜走的。珍惜零碎时间进行学习，如背诵英语单词、整理资料等，不仅可以积少成多，而且这些事情用零碎时间来做是最恰当的，整体时间反而还不适合。人的精力是有限的，我们必须善于分配这些有限的精力，要抓住主要矛盾，按照事情的主次顺序，统筹分配自己的精力。如果你的精力每天都消耗在一些琐碎的小事上，那你怎么还会有精力去完成大事呢？很多学生经常抱怨说：我是很努力学习的，每天用在学习上的时间占了三分之二，怎么一直没有效果呢？这就是因为他们一直不懂得主次和分配的道理。

在学习中，我们要冷静地想一想：哪些是真正重要的？然后把它挑出来，做优先处理，依据"保证重点，兼顾其他"的原则进行学习。例如，比较重要的，或者需要重点努力的课程列为 A 等，次者为 B 等，自己比较精通的列为 C 等。A 等的课，一定要用最充沛的精力去学，而 C 等的可以安排一些零星时间，或干脆不做具体安排，有精力就学，没有精力和时间就先放下。这样，你就可以在学习中抓住重点，以主带次，有条不紊地进行学习，效率自然就提高了。

学生李平(化名)，学习勤奋刻苦，每天早晨5：30起床，晚上10点多才回到寝室。经常最先到教室，上课十分用心，他的笔记在同学们中被广泛传阅。期中考试以前，同学们都认为他的成绩肯定会在班级名列前茅。但是在同学自己组织的期中考试当中，他的高等数学和无机化学均考了不到40分的成绩。同学们十分惊讶，他也感到十分意外。但却仍然不知道自己的毛病出在哪里，认为还是付出不够。

据调查，85%的学生不知道在大学如何学习，还沿用高中的学习方法，以上课老师讲的为主，缺乏主动学习的热情；72%以上的同学感到课余时间太多，不知道如何利用，有时经常在图书馆或自习室一待就是一天，但又觉得什么都没做，要么就去上网；40%的同学感到课堂上老师讲课太快，跟不上；65%的同学认为多媒体上课容易犯困，不能跟上上课节奏。调查显示，近一半同学对大学学习很茫然，不能跟上多媒体上课的节奏，没有固定的教室上自习有时候不知所措，感觉孤独，等等。

合理利用了时间还不够，还需要掌握合适的学习方法。大学里的学习和高中时的学习已经有很大不同，这时我们需要有正确的学习方法来指导，有了好的学习方法，会事半功倍。学习方法是一种学习手段，通过正确的学习方法，同学们能在认识知识、获取知识、提高技能的过程中使自己的学习成绩有很大的提升。下面是同学们总结的一些学习方法，供大家参考。

计划学习法。这种方法的特点是每一个学习阶段要有相应的学习任务、学习步骤、学习时间，并按照这种计划和步骤一步步地实现学习目标。制定这种学习方法时要有明确的学习目标和学习任务，以及合理的步骤和学习量，科学地安排学习的时间。

讨论学习法。这是在学习过程中有意识、有目的地与身边的人针对学习方面的内容进行争辩，以扩充、理解和掌握知识的一种方法。它可以是两三个人经常性地随意交谈，也可以是课间、饭前饭后、休息时间的广泛讨论。同时，在同学之间也可以进行有组织的定期或不定期的讨论。参加讨论的每一个同学是平等的，大家要相互尊重，讨论中所有的争论都是针对不同的观点和讨论的内容进行的，千万不要上纲上线，破坏了同学之间的情谊。

联想学习法。这是在记忆、理解和掌握知识的过程中，不把知识点割裂开，而是用自己的思路把知识点连接在一起的方法。利用这种方法，可以深入地去发现这一知识点和其他知识点之间内在的多种联系，借助于已知的知识点去攻克正在学习的知识点。这样可以加深对新知识点的理解和记忆。

比较学习法。这种方法是从知识与知识之间的多种多样的联系、掌握和应用知识的一种学习方法。这种学习方法可以从下边几

个方面对知识点进行比较：一是异中有同和同中有异的比较；二是纵向比较和横向比较；三是正误比较和反向比较。

归纳学习法。归纳是重要的思维形式，属于抽象思维。把知识的意思理解清楚，并进行总结，用一句话或几句话进行概括，能让同学们吃透学习的内容。

问题学习法。这种方法是带着问题去看书，集中注意力，在预习时找到不明白的知识点，然后带着这些问题再上课。这种方法强调刻意关注有关解决问题的信息，使学习具有明确的指向性，从而提高学习效率。

劳逸结合学习法。有时学习是很枯燥的，在长时间的学习之后，效率会降低很多，甚至没有什么学习效率可言。这时完全可以让自己放松下来，出去走一走或是进行一些体育活动。等我们再一次拿起书本时，就能更加专心地进入学习的状态。

事实上，不管你愿意与否，我们每时每刻都在接受各种新信息、新知识的冲击，每时每刻都面临着新的变化，每天都要在选择中挣扎。在当今这样一个知识信息对社会的发展起决定性作用的时代，学习者唯一具有的持久优势，就是有能力学习，并学习得更快、更好。

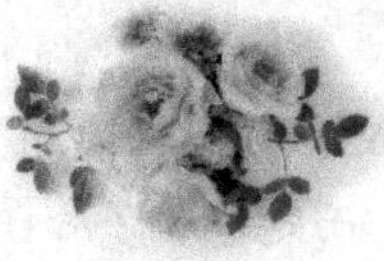

温馨提示

提高学习效率的方法是有效地利用时间+合适的学习方法。

学会合理分配时间，用来学习不同的内容。

学习方法是一种学习手段，通过正确的学习方法，同学们能在认识知识、获取知识、提高技能的过程中使自己的学习成绩有很大的提升。

3. 向慕容复学习
——博学，做个杂家

博学之，审问之，慎思之，明辨之，笃行之。

——《中庸》

周轶君，1998年毕业于北京第二外国语学院，2002年任新华社记者，并在巴以冲突最为激烈之际，赶赴硝烟弥漫的加沙，发回了一系列风趣睿智的战地报道，并将自己700天的经历写成了《离上帝最近——女记者的中东故事》一书。CCTV2004年度中国记者风云榜曾为她写下了这样的推介词：“因为她的坚守，让每一个需要的地方发出了中国人的声音”。

而对于社会上“新闻无学”的论调，周轶君坦言：“其实，很多同学在面临就业难的时候并非是输在了专业上，而是输在了知识的扩展和积累上。新闻传媒说到底是一种工具和手段，所以更多的是我们要做好‘内功’上的准备，即自己平时的积累。充分珍惜在大学阶段可以获得完整全面知识体系的宝贵机会，多听、多看，广泛地涉猎各个领域，兼收并蓄，做好一个‘杂家’，因为你站的有多高完全取决于你做的有多好！”同时，周轶君鼓励同学们，一定要充分树立自信，而不是轻易地怀疑自己，因为没有人可以永远一帆风顺、一步登天。很多时候，人们之所以会对自己失去信心，完全是因为我们所经历的困难还不够多。“不经历困难，你就不会知道自己有多好。”周轶君笑着说。

大学生学习的重中之重是要博学。那么，首先我们要知道什么是博，博的内容有很多，包括学习内容的广泛，还有学习方法的多样。学习内容的广泛就是要涉猎多方面的知识，提高个人修养和素质；建立正确的世界观、人生观、价值观等。大学四年的时光是短暂的，而知识的海洋是无边无际的，所以大学四年正是培养兴趣、打基础的关键时期。鲁迅先生在18岁进入南京路矿学堂后，不仅学习自然科学知识，还阅读了大量有关外国文学和社会科学的著作。遗传之父孟德尔进入大学后，广泛学习古典哲学、数学、物理学等。正是有了在大学期间的广泛学习，他从维也纳大学毕业后，才真正找到自己的兴趣所在，转入了遗传试验的研究。现在社会分工越来越细，信息的整合变得越发重要，只有博才能培养出适应社会发展的综合型人才。现在的现实是本科生的专业技能没有技校生扎实，理论知识没有研究生、博士生深厚。处在这样一个尴尬的境地，大学生要如何在社会上立足？博，就是出路。创新是一个民族的灵魂，当今世界的创新多是出现在不同思想、不同领域、不同学科的交融点上，没有广博的知识，哪儿来的创新？

如何做到博学呢？

大学里有许多学识渊博的教授，去请教他们，他们大都会“诲人不倦”。从他们那里，可以拓展思路，得到许多意想不到的收获，常有如沐春风之感。

大学里有许多有经验、有知识的同学、学长，与他们多交流，尤其是学术交流，定会在讨论中获得提高。

与社会相比，大学里有着浓郁的学习、研究氛围。在这种氛围中，最容易静下心来学习知识、培养能力。

在大学里的所有学习资源中，图书馆应该是大学生最亲密的

“伙伴”。大学的学习离不开图书馆。能否更好地利用图书馆，几乎就意味着你的大学学习是否成功。每所大学都会有本校图书馆，有些大学的院系也拥有本院系专门的图书资料室。不同学校的图书馆主要的藏书内容和馆藏分类会有所不同，但是一般都会有一些常规的阅览室，如报刊、工具书、社科类阅览室等。大学新生入学后办理完阅览证、借书证之后不妨先去学校图书馆大致浏览一番，弄清楚怎样使用电子检索系统找到自己想要的书，怎样浏览图书馆新进的书籍，哪个阅览室都有些什么方面的图书，外借书一次可以借阅几本，续借有什么要求，怎样预约书籍等问题。

在大学里，经常会有各种各样的讲座。一般来说，讲座的主办人或者主办组织会提前在相关场所发布这些信息，比如在校园内专门的信息公告区张贴宣传海报。讲座的宣传材料通常会张贴在公告区最醒目、人流最密集的地段。海报本身也会为突出本次讲座的内容和主讲者而在颜色、字体等方面下一些工夫。此外，大学讲座的频率分布通常都是不固定的。在学校或院系的学术文化节或者学术活动周、活动月内讲座的数量会比较大，时间也比较集中。这些活动的具体主办者，如学生社团或院系的学生会、研究生会也会在公开场合宣传其学术文化活动，这些活动常常以举办一场讲座的形式拉开序幕。同样的情况也常出现于学生社团、协会组织的成立之时，一些社团或协会常以请有关学者、专家到场做讲座来提升新成立的学生组织的人气。

当然，也有一些讲座具有内部性质，不是所有人都知道，这就需要你自己积极主动地寻找相关信息渠道了。比如，有些院系的内部惯例讲座通常是在特定的时间和地点进行。这些讲座信息往往不在大学校园内的公开场合公布，因此需要自己平时多关注、多留心，也可以求助同学和朋友“通风报信”，只要有心，一定能够找到。另有一些讲座，特别是学术大师的讲座和国内外政界要员的来访演讲等，常常会因遇到供不应求的局面而对听讲人数作出限制，因此需要排队领票甚至内部发票。如果对这些讲座有兴趣的话一定要提前行动，提早做准备。

对于大学新生来说，如何参加频繁而众多的讲座大有学问。一要有计划性，二要会听。不听讲座是个损失，但如果因听讲座过多而影响了自己的主业也不好，因此要有一定的计划。最重要的是根据自己的时间和精力适当安排。

2002年4月1日《北京青年报》在《中学生网上生活有滋有味》一文中的调查表明，中学生上网60.7%的人玩游戏，34.1%的人找朋友聊天，剩下的则是关注影视文艺动态、体坛动态、看新闻、发E-mail等。另外一份问卷调查显示，约86.6%的人上网玩游戏，5.3%的人上网聊天，4.3%的人上网关注影视偶像动态或其他娱乐，3.8%的人上网查找学习资料，其中有8.7%的学生承认在上网时不自觉地浏览过不健康的内容。由于青少年身体和心理不成熟，意志力较差，对各类诱惑缺乏免疫力，生活阅历十分肤浅，缺乏美丑善恶的判断力，因此，青少年上网的时候，很容易沉溺于其中，例如，沉溺于网络游戏中猝死网吧的喻某，迷恋交友和网恋而被犯罪团伙诱骗轮奸杀害的8名女中学生(载于《华西都市报》)，其他因迷恋上网而严重影响学习生活、身心健康，甚至因网债逼身，走上犯罪道路的事例更是数不胜数。

上面的案例揭示了网络对大家的消极影响。网络是一把“双刃剑”，网络本身并没有对与错，而使用网络的同学们如何使用它，便成为了关键。对于每一个大学生而言，正确使用网络开阔了同学们的视野。通过网络，大学生可以和世界各地的人们交朋友，了解世界各个角落的风土人情，收看最新的新闻信息、科技动态，参加各种论坛和社区、在线交谈，在网友的帮助下寻找难题的答案。在鼠标、键盘和屏幕组成的空间中，同学们尽情享受着高科技带来的前所未有的便利和丰富多彩的生活乐趣。

你来图书馆不学习？！
是干嘛呢？
趴了大半天！
来吹空调！
宿舍太热了

缤纷的网络，给“象牙塔”中的大学生架起了一座联系社会和外部世界的桥梁。大学生通过互联网可以便捷地获取资讯，鼠标轻轻一点，世界就在眼前。网络以其免费、快速、信息范围广的优势，能给我们的学习带来很大帮助。写论文时没有思路？上网可以搜索到大量的参考资料。虽然不推荐下载的方法，但仅仅通过拼凑确实可以轻松写出一篇像模像样的文章。想看的书买不到又借不到？网上你可以找到这本书的电子版。有些另类的问题找不到答案去“百度知道”一类的网站提问题，等着网友的答案吧。

温馨提示

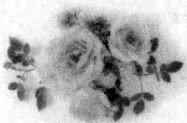

在大学能否很好地利用图书馆，几乎就意味着你的大学学习是否成功。

对于大学新生来说，如何参加频繁而众多的讲座大有学问。一要有计划性，二要会听。

耐心指导 大学里会遇到一些和蔼可敬、对学生的疑问耐心指导、可作为人师表的好老师。

这道题要用到教材第七章的
一个公式，这公式你懂吧？
呵呵~~这公式不太理解！
喔，教材第五章有对这个公式
的证明，这个证明你懂吧？
嗯~~，这证明不太明白！
喔~~教材第三章有对这个证明的
一个例子，这例子你懂吧？
抱歉~~这例子有点难
喔~~那我从教材绪论的一
个理想模型给你讲起吧.
老师，我对不住你啊！

4. 闻道有先后，术业有专攻

——注重自己的专业特长培养

没有垃圾专业，只有垃圾思维。

——佚名

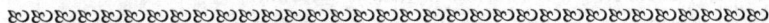

(《京华时报》2006年03月31日讯)昨天，记者从北京保安服务总公司获悉，本市首批7名大学生保安员已经在北京警察学院保安队正式上岗，而另5名大学生保安员也将于近期到地铁保安分公司报到。像这样成批从高校引进大学毕业生当一线保安员，在本市保安系统尚属首次。首批7名大学生中，有6名专科生，来自河北政法职业学院法律或治安保卫专业，还有1名本科生，来自河北经贸大学计算机科学技术专业。目前，除1名男生留在分公司办公室内勤岗位实习外，其余6名女生都被分配至北京警察学院保安队技防监控室从事普通保安员工作。大学生保安强青告诉记者，这份保安工作虽然不解决北京户口，月薪也只有1000元左右，但跟自己的专业对口，特别是公司强调招聘大学生保安是为了备战2008年奥运会，优化保安员队伍的结构，对她们吸引力很大。虽然上岗不到1个月，但是6个女孩的表现已经得到了专业保安队长的认可。北京警察学院保安中队的杨队长说，这些大学生工作适应能力很强，她们领会、理解工作比较快，容易沟通。

其实绝大部分同学在刚上大学时对自己的专业并不了解，只有等到学习了之后才会知道自己学的是个怎么样的专业。我国高等院校的本科共有十大类，在每一个大类下还会有很多的专业，不同的专业有着不同的内容和体系。至于哪个专业好，哪个专业不好都是相对的。

专业的冷和热与市场需求有很大的关系。前些年，计算机、金融、外贸这样的专业十分火爆，过了几年之后计算机类人才过剩，很多毕业生都找不到工作。而当年算是冷门的地质学、农牧业、食品科学等专业却成了热门，这样的毕业生反而特别抢手。所以同学们不必特别介意你所学的专业是热还是冷，风水轮流转，谁也说不好毕业的时候你所学的专业到底是冷还是热。

刚刚开始上大学时，有的同学不喜欢自己的专业。可是随着学习的深入，很多同学发现，其实自己的专业还是很值得学习的，在经过一段时间的学习之后，发现其中有很大的挖掘空间。所以不管你最初的想法是什么，只要你在本专业上真的用心地学习、探索过，你就一定会有所收获。重要的是如何提高自己的专业素养。参加专业实践是专业学习的深化，是理论联系实际的途径，有利于进一步认识行业、专业，提升专业技能。

对于大学生来说，实践的类型主要包括：

以调查为主，适当参加与专业相关的社会实践。全面了解实习单位的管理和部门，弄清各管理部门的名称、人员组成、工作职责及其地位作用，弄清各生产部门的名称、生产的产品、生产技术人员构成及其技术特点等；了解实习单位的企业文化建设状况，了解企业文化形成过程、主要内容以及企业精神在企业发展中的作用；访问企事业单位领导或高级管理人员，了解企事业单位的发展前景，对人才的素质要求和近几年的人才需求情况；了解企事业单位对院系相关专业学生的知识、技能和职业道德要求以及对院系教学改革和人才培养的建议。

参加与专业相对应的生产劳动和工作。学生结合自身专业，参加企事业单位一个部门或一个工种的生产实习，了解部门的工作生产流程，初步掌握所实习部门的基本知识和基本技能。

自主开展创业活动，体验创业过程，积累创业经验，提升创业能力。结合自身专业与创业意向，有针对性地开展相关创业实践活动，注重发展模式的研究和应用，学习先进的企业管理方法，同时认真做好创业日志，与同学共享创业经验，为创业奠定基础。

中国科技大学少年班的王微微参加"大学生科学研究计划"仅一年，就在《光电子技术与信息》、《激光与光电子进展》等学术刊物上发表了两篇高水平的研究论文。她参与研制的"齿科材料光谱色度测试仪"获得国家专利，多家公司表示有意向开发这一产品。她深有感触地说："实际的研究活动促使我们更深刻地理解书本，激励我们更积极地自学书本以外的东西。"

像王微微一样，尹雪斌也是"大学生科研计划"的受益者。作为中国第一个被派到南极进行科学考察的本科生，他用4个月时间完成了阿德雷岛湖芯取样、纳尔逊冰盖缘泥芯采集等16项任务。尹雪斌认为，这一经历使自己在智慧、毅力、胆量和体魄等各方面都得到了巨大的锻炼。

可能有些同学会说，能像王微微和尹雪斌这样的大学生毕竟是少数。其实，大学校园中有很多机会和平台来帮助同学们进行实践。大学生获得实践经验、提升专业素养的途径主要包括以下方面：

大学生活是丰富多彩的，其中各种各样的科学竞赛值得我们留心关注。例如"电子设计大赛"、"数学建模竞赛"、"网页制作大赛"、"摄影作品比赛"、"LOGO设计大赛"，等等。俗话说"比赛见真章"，认真准备一场竞赛，可以使我们的知识能力和心理素质都得到很大的提升与进步。沉甸甸的证书与奖杯也能为大家在求职时增色不少。

通过调查和工作实习，同学们可以将所学的专业知识运用于企事业单位的生产和工作实际中，从而丰富自己的实践经验，提高自己的专业实践能力。大学里的每个院系都会在学生毕业前安排学生进行专业实习，学校或院系一般会和专业相关的实习单位建立大学生实习基地，为实习提供方便。但由于实习人数众多，在管理方面很难做到非常严格。有些实习生钻空子，实习时“偷工减料”，殊不知这是害了自己，浪费了一次提高自身专业技能的机会。

大学生暑期社会实践是各高校团委响应团中央“大中专学生暑期‘三下乡’”活动而举办的一类深入基层的活动，以服务奉献为主题，包括一系列科技下乡、文艺下乡、知识下乡的活动。同学们可以利用这次机会，接触社会，深入基层，利用所学的专业知识宣传党的方针政策，从而为社会工作的过程中增强服务意识和社会责任感。

大学生创业是提升专业技能最直接的途径。创业实践可借助学校举办的某些课程的角色性、情景性模拟参与来完成。例如，积极参加校内外举办的各类大学生创业大赛、工业设计大赛，对知名企业家成长经历、知名企业经营案例等开展系统研究。此外，它也可以直接通过课余、假期在外的兼职打工、试办公司、试申请专利、试办著作权登记、试办商标申请等事项来完成；还可通过举办创意项目活动、创建电子商务网站、谋划书刊出版事宜等多种方式来完

温馨提示

专业的冷和热与市场需求有很大的关系，风水轮流转，谁也说不好毕业的时候你所学的专业到底是冷还是热。

以调查为主，适当参加与专业相关的社会实践。

同学们可以自主开展创业活动，体验创业过程，积累创业经验，提升创业能力。

5. 考证，就是一场Dota

——各种证书，快乐应对

学英语比如学鸟叫，你在树林里学鸟鸣，当有四只鸟落在你肩上时，阐明你过了英语四级，当有六只鸟落在你肩上时，解释你过了英语六级，当有很多鸟降在你肩上时，说明你成了鸟人。

——俞敏洪

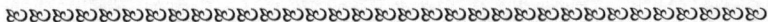

小寒刚刚上大三，他手里已经有了大学英语四六级证书、全国计算机二级证书、三级偏软件证书，最近他正起早贪黑忙着考上海口译。据了解，目前在大学校园，像小寒这样的“考证族”不在少数。就业压力之下，高校掀起了一股“考证热”。漫步高校，各个宣传栏最常见的就是形形色色的考证广告。英语四六级证书、计算机等级证书、普通话等级证书等已不再是稀罕物，注册会计师证、导游证、驾驶证、物流师证等许多职业证书，已悄然成为许多大学生追求的新目标。小周就报考了今年的导游资格考试。他告诉记者，他本身是学理科的，平时涉猎面太窄，考证也是为以后工作增添砝码。小夏今年大四，他最近正在做求职简历，那些互不相关的资格证书、培训经历让记者大吃一惊。记者数了数，在他的简历上罗列的证书有国家人力资源管理师(三级)

职业资格证、普通话水平测试二级甲等证、计算机一级和二级证书、计算机C语言证书、秘书证、国家心理咨询师(三级)职业资格证、英语四级和六级证书、计算机程序员证书等。4年时间里他总共拿下了10种证书。

现在，“考证”是同学们谈论的热点话题，只要在学校里找一个同学随便一问，都在准备着考证。据一项调查发现，除了大学英语四六级、计算机等级考试等必考科目外，在校大学生中有超过73%的人还准备考取其他方面的资格证书。某高校对200名大学生进行抽样调查，结果显示三成学生手中持有一本以上“非必要”证书，最多一人拥有四本证书，如果加上英语四级和计算机二级，这名学生一人共拥有六本证书。在现在严峻的就业形势下，大家都想用证书来增加自己竞争的砝码，这是非常正常的。但考证也不能盲目，不能把证书看得高于一切。有信息表明，近年来可供大学生考试的证书已超过了百种。那么，在这么多的证书面前，我们应该怎么选择呢？下边是对考证的几点建议，希望对大家能有所帮助。

我们要明白，能力比证书更重要。很多同学在考证前没有做任何准备，对培训内容、组织机构、证书适用度等都不很了解，为了考试只是考前埋头背书苦记，最后虽然通过了考试，但没有实际应用能力。虽然证书能为你在找工作时增加筹码，但因为没有系统扎实的学习，没有实践经验，一旦需要实际操作，就会出现问题。所以，不管是什么样的证书，都应该以提升能力为目标，只有达到了这个目标，就业机会、职位提升、薪酬增长等美好的愿望才会实现。

因为对考证不熟，我们要谨慎选择要考的证书。在选择考证时要注意证书主办机构的历史背景、相关专业领域的权威性、证书市场的口碑等因素。现在很多机构和公司都看到了培训行业里有很大的利益，所以各种培训和证书等让人眼花缭乱。有的同学觉得多拿证就好，所以没有经过仔细调查、对比和分析就盲目选择，结果不仅花了冤枉钱，还有可能拿到了有“水分”的证书，得不到社会的认可。

我们要有针对性地选择适合自己的证书，不同的证书对应不同的职业领域，有时同一职业领域的证书还分等级，对应不同职位的人群。不同的证书也有各自的知识侧重点和考试方式。建议大家首先要选择与本专业相关的证书，这样考起来相对容易一些。而跨行业、跨学科的考证难度太大。另外，同学们还要考虑自己的实际能力和家庭状况。如果只是盲目地追求各种洋证书和高端证书，会给自己带来不小的负担。像国际注册会计师证书、思科 CCIE 证书等证书的专业性特别强，对考生的从业经验要求高，而且很多都是英文试卷，难度非常大，费用也很昂贵，对于还在大学里读书的同学们来说是很难通过的。所以这样的证书建议大家在选考时要慎重考虑。

小刘(化名)是某高校英语系 06 届毕业生，现在一家公司做销售工作。他说，上大学时，经过努力，考过了很多证书，有计算机国家二级证、报关员证、导游证、教师资格证、普通话证、会计从业资格证等。可是现在找的工作是销售，除了普通话用上了，别的全都没用上。由于考证花费时间过多，毕业时连专业英语四级考试都没通过。大连市保税区某贸易有限公司项目经理黄某表示，真正的好公司是不会特别看重这些证书的，资格证只能表明此人通过了相关的考试，理论知识掌握得不错。但我们不认为手持多种证书的大学生有和他们证书相匹配的工作能力，我们用人更看重实际操作能力，而非证书。

大家一定要清醒地认识到，学业比考证更重要。很多同学为了突击考证，把本该花在课内学习的时间花在了考证上。成绩下降不说，有的科目还不及格，需要重修，真是丢了西瓜捡了芝麻。学有所成才是根本，成绩优秀的学生在求职时往往比其他人有更多的优势。如果为了考证而荒废了学业，那么，即使有再多的证书也会很被动。

下面给大家介绍一些大学生常考常用的证书。

➢ **英语证书**

• 大学英语四六级证书(CET-4，CET-6)：大学生英语能力的官方凭证，极其重要；

• 专业八级：只有英语专业才有资格考，但很多职位对此有要求，如翻译或者外籍主管的助理；

• 大学英语四六级口语证书：其实拿到证书不重要，重要的是在面试或者其他场合中所表现出的口语能力。

• 英语中高级口译：含金量很高，是在企业中做高级翻译的敲门砖。

• 托福(TOFEL)：只有少数企业会问到是否考过托福，但同时会担心你工作不久后，可能会出国溜掉；

• 雅思(IELTS)：少数英联邦国家企业会注意到你考过雅思，但绝不是必要条件；

• 剑桥商务英语(BEC)：此证书说明了你的英语能力，还有你在大学里很好学，懒惰的同学不会去学，或者学了考不过的。这是企业关注的。

• 托业考试(TOEIC)：被众多的外国公司采用，但是在国内企业中运用得并不广泛。

➢ **计算机证书**

全国计算机二级证书：有些大城市申请户口时用，是必要条件，如上海市。其他如 ACCP、MCSA、CCNA，以及名目繁多的专项计算机技能证书，则与未来具体的工作选择相关，不是每个企业都会看重这些证书的。关于计算机技能的各种培训很多，但被企业认同的证书却不多，关键看实际操作技能。

➢ **学校证书**

奖学金证书非常重要，有的 HR(人力资源部经理)看不懂大家给出的各种复杂的成绩单，但一看是否有奖学金，就有一个大概印象了。奖学金证书被很多企业列为筛选简历的必要条件，没有奖学金，就没有面试机会。学生干部经历非常重要，如果再有一个“优秀学生干部”的证书，就更能起到证明作用了。

三好学生、优秀毕业生等，在申请户口的时候可以加分，比如上海，千万不要小视！

➢ **财务类证书**

• 注册会计师(CPA)：共五科，在财务会计领域中含金量很高。

• 注册金融分析师(CFA)：需要相关方面 3 年以上工作经验，考证难度很高，且考试费用超过万元。

• 特许公认会计师(ACCA)：ACCA 被称为“会计师界的金饭碗”。英国立法许可 ACCA 会员从事审计、投资顾问和破产执行的工作，有资格直接在欧盟国家执业。

➢ **专业资格证书**

• 律师资格证书：适用于未来立志于当律师的同学；

• CAD 工程师认证证书：多用于机械、室内装饰、建筑行业；

• 导游资格证书：根据国家规定，导游人员必须持证上岗；

• 报关员证书：有证书才有从业资格；

• 人力资源从业资格证书：目前并不为多数企业所认可。

• 国家司法考试证书：不论是进律师事务所，还是进公司做法律事务，这个证书都很重要。

你不可能什么都要，更不能什么都没有，倾听自己内心的呼唤，参考老师与学长的意见，结合自己的兴趣爱好和经济实力，确定你要努力的方向，要是找到志同道合的同学就更好了。先在这里祝你考证路上不寂寞啦！

温馨提示

考证不能盲目。

能力比证书更重要。

我们要有针对性地选择适合自己的证书。

6. 悬在头上的达摩克利斯之剑

——从容应对学习的压力

人们最出色的工作往往是在处于逆境的情况下做出的。思想上的压力，甚至肉体上的痛苦都可能成为精神上的兴奋剂。

——贝弗里奇

某高校心理协会对本校近 300 名本科生和研究生进行了一项问卷调查，结果显示，被调查的大学生中普遍存在学习、与异性交往和对未来就业迷茫等 7 大压力。其中，学习压力已成为大学生首要的“心理障碍”。这不得不引起广大教育工作者的关注。

2010 年 3 月 28 日下午 3 点半左右，某高校化学工程系一黄姓女生被舍友发现在宿舍内上吊自杀身亡。消息传出，同学老师震惊不已。据了解，这名女生学习成绩不错，对自己要求也比较高，自杀原因怀疑是考研压力大。

东方网 2004 年 1 月 9 日讯：24 岁的安徽籍大学生，迫于家庭的溺爱造成的独立生存能力差和学习成绩差的压力，只身从青岛所在的大学赶到上海来投江自杀。当冰冷的江水刺激了他之后，他感到了生命的重要，在江水中连声呼喊“救命”。上海水上公安迅速赶到现场营救。“学业压力太大了，他们成绩都比我好。”昨日下午，记者见到了这名劫后重生的男生。他告诉记者，他今年24岁，叫胡某某，安徽人，现在为青岛建筑工程学院大学二年级学生，是家中独子。由于学习成绩不好，被学校连降两级，看着自己的同班同学都已经要毕业了，小胡心底自卑到了极点。

无论是在学习过程中，还是在将来的工作生涯中，“心理压力”永远是一个我们必须面对的事实。在大学期间，要开始正视这一事实，逐渐学会面对“心理压力”。压力是我们一生都要面对的，做任何事情没有压力是不行的。压力也是驱动力，它驱使着我们去把事情做得更好，但是如果压力超出了我们可以掌控的范围，也会反过来降低我们做好事情的效率。在大学期间面临的压力主要是学习压力和考试压力，如果学会了面对这两种压力，就可以类似地面对其他压力。把压力控制在可以承受的范围内，能帮助自己拥有旺盛的精力从事学习和工作。

产生学习压力的原因有很多种，如能力不足、时间安排不合理等。但很少是真正属于能力不足的，而主要是思想意识、方式、方法或时间安排不合理。

产生学习压力的主要原因是同学们安排学习任务时，常常忽多忽少所致。学期刚开始时，有些同学无所事事，到期末考试前才拼命学习；有些同学则是对功课作业从不放在心上，只有到临交作业前，才突然想起，这时才紧张兮兮地赶作业或者干脆“参考”别人的作业。这种一曝十寒的方式自然容易产生学习压力。当然，有些同学反而乐于过这种“温差”大的生活。这些人有点类似于新疆的“哈密瓜”，这种瓜之所以好吃，就是因为它经受过白天的高温和夜里的低温“折磨”而成。对于“温差”大而不产生学习压力的同学，因没有学习压力，也就没有所谓减轻压力的问题，而对于大多数有学习压力的同学，则应“减压除压”。

其实，减轻或除去学习压力的“处方”也挺简单。如果学习压力是由于学习任务多，自己能力有限所致，那么就降低学习量或降低学习要求，以达到减轻学习压力的目的。

每一位大学生都身经“百考”，可能很多人都经历过或多或少的“考试压力”。“考试压力”分为考试前和考试时的压力两部分。“考前压力”的症状是：突然感到疲惫，不能入睡，胃不舒服等。“考时压力”的症状是：冒冷汗，手脚无力，脑袋一片空白等。为什么会出现考试压力呢？譬如，在听到“全能者”说他们什么都懂后，感到自己对功课掌握得不够好；饮食不合理，生活没有规律等；潜意识中害怕失败(如童年时总是听到：你不行；这件事你没有办法；你真笨；你永远是失败者！)；未能及时复习准备考试等等。

很多时候，产生“考试压力”并非与知识不够有关。我们要学会对付“考试压力”，而不是逃避“考试压力”。首先，弄清楚自己的压力是什么类型，表现症状如何，然后才能选择采取何种措施。下面是应对“考试压力”的一些原则：

• 不拿自己与“全能者”作比较，每个人有每个人的能力。

• 尽早开始准备考试，长期地每天多学习 1 小时也好过考前突击几天。

• 学习一些放松自己的技巧，如练习太极拳或瑜伽就是一个不错的选择。

• 考试前几个小时不再学新的知识，考前拼命学，会影响前面已经掌握的知识。我们常会发现，临考前的几分钟还有人在拼命看书，搞得自己紧张兮兮的，而考试效果并不一定好。

• 与已经考过该门功课的高年级同学交流，向他们取经。

• 消极的想法转成积极的想法，或者自己心里暗示自己：“不怕，我能搞定。”良好的心理暗示会有意想不到的好效果。

• 如果一个学生对要考试的内容有充分的把握，那么，出现考试压力的可能性就会少很多。

• 在考试过程中，迅速调整自己对考试成绩的期望值，可以降低考试压力，由此很可能使自己通过考试。

这是一名大二女生的网上咨询信件：考试刚刚结束，我的心情很沉重，很难过，不知为什么很想哭，似乎觉得一切都和想象中的相差甚远，我甚至都不知找什么样的借口来安慰自己。我只想要我想得到的，可为什么都没有。我的感觉很不好，我准备了很久，也自认为还可以，可不知为什么我做题的时候状态很不佳，我似乎开始对自己怀疑了，而且很怀疑。一生从未有过的感觉，似乎一点都不自信，我感觉生活没有一丝的惊奇，没有一丝的期望。只感觉一切都像死灰一般，没有一丝的生机。追求，确实是一个过程，必须要有回报；失败，的确是成功之母，可成功也是成功之母。如果没有一丝成功怎么再来期望成功呢？怎么再有奋斗的动力？我不知道成绩的结果，但感觉告诉我没有达到我的目标。每当我有一丝放松的时候，我都会受到惩罚。我不明白为什么？想想我的大学，恋爱失败、考试失利、评优受挫，我变得自卑、退缩、不敢相信自己了。我到底该怎么办？这位有着辉煌中学时代的大学女生，被挫折深深地包围着。在面询中，她谈到自己的过去是踏着鲜花与掌声走过来的，从来没有遇到过挫折，因而当挫折到来时，便有些束手无策。当考试揭晓后，结果也并不如她想象的那么不理想。从信中可见，她的自我期望很高，有着强烈的成就动机，当她认真面对自己的现状时，她也积极主动地调整自己的目标，并将学业坚持下来，最后战胜了挫折，又恢复了以往的自信与笑容。

万一真的考试失败了，也并不可怕，还可以重新再来！当然，谁都不希望考试失败，像上面的这位女生一样，面对一贯的成功，突然的失利有时会是重大的打击。

认知是情感和行为的中介，人们很多情感问题和行为问题的产生多与不正确的认知有关。消极情绪和不适应行为的产生，都源于人们不合理的认知。

具体而言就是要学会正确归因，客观地从自己身上总结以前成功和失败的原因，能够正确地认识过去，并对未来充满信心。如果用韦纳的归因理论来看考试，那就是同学们要对当前学习或考试中出现的失败或成功的原因进行分析。原因不外乎这样几个方面：能力、努力、态度、知识、运气、兴趣等等。而能力、努力、任务难度和运气是人们在解释成功或失败时感觉到的四种主要原因，并将这四种主要原因分成控制点、稳定性、可控性三个维度，根据控制点维度，可将原因分成内部和外部；根据稳定性维度，可将原因分为稳定和不稳定；根据可控性维度，又可将原因分为可控的和不可控的。如努力是一种不稳定的、内在的因素，能力是一种稳定的、内在的因素，任务难度是一种稳定的、外在的因素；运气是一种不稳定的、外在的因素。从控制点来看，努力和能力是可控的因素，而任务难度和运气是不可控的因素。

韦纳的归因理论认为，每一维度对动机都有重要的影响。如果将成功归因于能力和努力等内部因素，就会感到骄傲、满意、信心十足，从而使动机提高。若将成功归因于任务容易和运气好等外部原因，产生的满意感就较少。相反，如果一个人将失败归因于缺乏能力或努力不够，便会产生羞愧和内疚，而将失败归因于任务太难或运气不好，产生的羞愧感就较少。

然而无论成功还是失败，归因于内因产生的情绪体验比归因于外因而产生的更加强烈。努力而成功，体会到快乐；不努力而失败，体验到愧疚。

因此，美国著名心理学家赛利格曼认为：悲观的人对失败的解释与乐观的人有所不同，悲观的解释形态有三个特点：第一，从时间维度上，悲观的人把失败解释成永久性的。如果一次考试失败了他们倾向于在时间上认为，今后所有的考试都会失败。“我不是学习的料，无论如何都注定考砸。”而乐观的人则倾向于认为：“这次考试失利是暂时的，下次就会考好了。”第二，从空间维度上，悲观的人把失败解释成普遍的。如果这个学期的英语考试失败了，他们倾向于认为语文、数学和物理都会考不好，认为自己会在所有考试中都失常。而乐观的人则不将失败普遍化，认为英语没考好说明自己只是在英语方面还需要进一步的努力，与数学和物理无关。第三，悲观的人倾向于将失败解释为个人原因，认为自己应该对失败完全负责。别人都能把事情办得很好，都能正常地发挥，只有自己水平不够，能力不够，方法不对。自己是一个糟糕倒霉的人，不配做成功的事情。而乐观的人则认为失败虽然有个人原因，但不只是个人原因，有时一些无法抗拒的力量和运气也影响着成败。这三种解释形态是相对固定的，是长期生活影响的结果，是早期教育的结果。这三种解释形态的悲观倾向放大了危险，妨碍了一个人的正确决策，会使人陷入严重的抑郁症。赛利格曼的理论再次提示我们，只有考生改变自己对问题的解释形态，也就是说，学会正确的归因，就会有信心去面对各种现实，鼓起学习的信心，也就将无往而不胜。

因此，同学们面对考试，正确的归因方式应该是：(1) 当考试成功时，多分析思考是否是自己真正努力或能力提高的结果，如果是，就肯定自己并鼓励自己下次再如何努力或还需要在那些能力上加强改进。同时还要深深体会到我这次的努力付出是值得的，我的能力得到了提高。这样才能对今后的成功有把握，也就增强了你的自信心。如果你把这次考试成功认为是题目容易或恰巧复习时刚做过，或者是经人提示才做出来的，就是一种错误的归因。这对今后的考试不利，要坚决克服。(2) 如果考试失败了，你需要怎样正确归因呢？正确的归因是把失败看成是暂时的，是可以通过下次努力来改变的。你需要重新归因，例如，我还要继续保持这种努力，只是要掌握新的学习技巧。我的能力虽然还不是很强，但只要相信量变是能产生质变的，我一样也能学得好。我只在这次考试或这门科目上有些受挫，并不代表我其他方面也差。我只要努力，方法正确，也一样能学好。这次失败并非只有自己才这样，大家可能都不好。我觉得考试比较难，他人也同样如此。

你必须经常训练自己对成功或失败的原因进行分析，经常进行正确归因的训练，防止不正确的归因影响个人，从而产生不良情绪。只有这样，你才能有良好的心态，积极面对考试和人生。

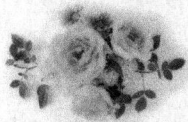

温馨提示

找到压力产生的根源，是减轻压力的关键。

产生学习压力的原因很少是真正属于能力不足的，而主要是思想意识、方式、方法或时间安排不合理。

同学们面对考试失败的时候，要正确归因。

第三章　友谊篇

——人字的结构，就是相互支撑

1. 晁保正和及时雨

——友谊，更多的是帮助与给予

友情最重要的不是接收爱，而是奉献爱。

——亚里士多德

相传在战国末年，羊角哀和左伯桃都是燕国人，他们是存亡与共的朋友。听说楚王招纳天下贤士，于是二人同去楚国求官，当羊、左二人同行到此时，天降大雪，同往则盘费不够，左伯桃便将所带干粮、衣物全交与羊角哀，让其独自赴楚，左伯桃则出奔躲避羊角哀，最后因冻饿死于树洞之中。羊角哀到了楚国，位至上大夫，遂将此事禀告楚王。楚王听后很受感动，便下令伐倒林树礼葬了左伯桃。

羊左之交的典故之所以流传甚广，为后人所歌颂，很大程度上是因为左伯桃的行为为我们很好地诠释了什么是真正的友谊。友谊是朋友之间无私的奉献，是彼此深切地关怀对方，以促进对方的进步和提高为己任；主动为对方分担痛苦和忧愁，帮助对方克服困难和挫折；自觉维护对方的人格尊严和名誉。友谊无需功利，不是“为朋友两肋插刀”的“哥们儿义气”，真正的友谊是对朋友履行责任和义务而不计得失。正如俄国作家别林斯基所言：“真正的朋友不把友谊挂在口上，他们并不是为了友谊而互相要求一些什么，而是彼此为对方做一切办得到的事情。”友谊，更多的应该是帮助与给予。

大学是人际关系走向社会化的一个重要转折时期。踏入大学校门后，同学们会遇到各方面的人际关系：师生之间、同学之间、同乡之间，以及个人与班级、学校之间的关系等。面对如此众多的人际关系，有的同学因为处理不当，整日郁郁寡欢，心情沮丧；有的同学因为人际关系紧张，精神压力很大，导致不同程度的心理病症；而更多的同学则由于不知如何处理复杂的人际关系，而经常被苦闷、烦恼的情绪所困扰。可见，如何处理好人际关系，对于我们的大学生活和未来事业的成就，是至关重要的。

处于青年期的我们思想活跃，精力充沛，兴趣广泛，人际交往的需要极为强烈。我们力图通过人际交往去认识世界，获得友谊，满足自己物质上和精神上的各种需要。因此，我们尤其希望被人接受和理解。在人的一生中，再也没有像青年时期有那种强烈地渴望被理解的愿望了。没有任何人会像青年那样处在孤独之中，渴望着被人接近与理解，没有任何人会像青年那样站在遥远的地方呼唤。

大学新生刚刚远离父母，正处于心理断奶期，突然没有了父母的关心、照顾甚至是唠叨，生活会变得很不适应，这时内心最容易出现空虚、寂寞的感觉，有大学生就曾说大学里最流行“寂寞”党了。在你最无助的时候，如果身边有好多的同学关心你、帮助你，将使你感到一股暖流在涌动，善意温暖的氛围将使你的大学生活充满阳光和快乐。正所谓“在家靠父母，出门靠朋友”，朋友多了路好走。大学里可以收获真正的友谊，关键看你自己如何把握。友谊，需要我们自己更多的帮助与给予。

多年前的一场 NBA 决赛中，NBA 的另一位新秀皮彭独得 33 分，超过乔丹 3 分而成为公牛队比赛得分首次超过乔丹的球员。比赛结束后，乔丹与皮彭紧紧拥抱着，两人泪光闪闪。

这里有一个乔丹和皮彭之间鲜为人知的故事。当年乔丹在公牛队时，皮彭是公牛队最有希望超越乔丹的新秀，他时常流露出一种对乔丹不屑一顾的神情，还经常说乔丹某方面不如自己，自己一定会把乔丹推倒一类的话。但乔丹没有把皮彭当作潜在的威胁而排挤，反而对皮彭处处加以鼓励。

有一次乔丹对皮彭说："我们两个的三分球谁投得好？"皮彭有点心不在焉地回答："你明知故问什么，当然是你。"因为那时乔丹的三分球命中率是28.6%，而皮彭是26.4%。但乔丹微笑着纠正："不，是你！你投三分球的动作规范自然，很有天赋，以后一定会投得更好，而我投三分球还有很多弱点。"乔丹还对他说："我扣篮多用右手，习惯地用左手帮一下，而你左右都行。"这一细节连皮彭自己都不知道。他深深地为乔丹的无私所感动。

从那以后，皮彭和乔丹成了最好的朋友，皮彭也成了公牛队17 场比赛得分首次超过乔丹的球员。而乔丹这种无私的品质则为公牛队注入了难以击破的凝聚力，从而使公牛队创造了一个又一个神话。乔丹不仅以球艺，更以他那坦然无私的广阔胸襟赢得了所有人的拥护和尊重，包括他的对手。

一代巨星乔丹，相信大家都不陌生，乔丹受人尊敬除了他那出神入化的球技之外，还有他那高贵的品格，看来乔丹是真正理解友谊内涵的成功人士。友谊是人与人在互相尊重、互相信赖的基础上建立起来的亲密关系和美好感情。个体之间的友谊一般是由于彼此态度的相似性、需要的互补性，以及自我提高的交往频率促成的。友谊是人们之间联系的精神纽带和寄托。真正的友谊是建立在共同的理想、互相尊重、真诚相待的基础上的。

在人生道路上友谊具有重大的作用：在遇到挫折和痛苦时，友谊能够给人激励、支持、温暖和抚慰；遇到成功时友谊能够给人鼓励和分享胜利喜悦。友谊对于人生具有十分重要的价值，可以毫不夸张地说，没有友谊的人，就是孤立无援的人和可悲的人。在一定意义上说，人生在世，最不能缺失的人际关系，就是友谊。正因为这样，友谊历来是人类的一项重要的精神追求。

大学阶段是人生中最美好的时期，大学生的友谊不仅是大学生活的重要组成部分，还是促进大学生完成学业、成就事业的重要因素。获得与发展真挚的友谊，是一项有益的精神享受，但也确实有不少人为得不到真挚的友谊而苦恼，出现这种情况的一个重要原因，是不少人不注意遵循交友和处友之道。以下我们为大家出出点子、支支招。

学会真诚待人。以诚相待是友谊的基础。诚实是待人之本。诚实的人朋友遍天下；虚伪的人最终是孤家寡人。友谊是心灵的寄托，诚实是友谊的核心。没有以诚相待，友谊就失去了意义。以诚相待，友谊之树就会根深叶茂；缺少真诚，友谊就会枯竭。所以，我们在与朋友相处时应该真诚，切忌遮遮盖盖、口是心非。只有以自己一颗真诚的心去主动靠拢和撞击对方的心，才能使对方了解你、信任你，从而获得安全感，放心地与你交往，在交往中培育和发展友谊。

学会与人为善。当朋友有困难时，能给以真诚的帮助，给以温暖和支持；当朋友有缺点时，能给以批评和劝诫；当朋友犯错误时，能伸出友谊之手，给予他承认并改正错误的勇气、力量和信心，这样友谊才会更加深厚和可贵。平等互惠，共同发展。人各有所长，各有所短，要彼此取长补短，平等相待。无论何时何地，绝不容许自视特殊，居高临下，傲视他人，否则就不能建立和发展友谊。相互理解，学会宽容。所谓知己就是能够理解和关心自己的人。相互理解是人际沟通、促进交往的条件。

庞然是北京某名牌大学三年级学生，宿舍同学关系矛盾比较多。他说，就拿开空调来说，有的同学家住南方，特别喜欢开空调，天气刚有点热就整宿地开空调。我睡在上铺，床铺上面就是空调，经常半夜被冻醒，时间长了真有点受不了，感觉自己像块“冻肉”。

还有的同学从不主动打扫卫生，还乱用别人东西。我们隔壁宿舍有个女生随便用人家东西，连饭盒也不例外，还不及时清洗，甚至将瓜子皮、水果皮往人家饭盒里丢，等那个北京同学回来后看到自己的饭盒成了这样，气得当面就把饭盒扔掉了。

张乐是这所大学一年级学生。她们宿舍里有一位东北的同学心直口快，死活看不惯一位室友，两人经常吵架，平时谁也不理谁，搞得宿舍关系非常紧张。弄得她和另外一个女生只好躲出去，尽量不在宿舍呆着。毕竟还有3年要同处一室，一想到宿舍里的火药味，就觉得不舒服。而且她们宿舍还有位女生从来不打水，饭也懒得打，总是使唤别人替她打。缺了什么东西也让同屋的同学代买，偶尔这样还能忍受，可时间长了谁也受不了。凭什么大家就该伺候她？大家就经常找借口拒绝她。结果上学期，那个女生从家里养病一段时间回来后，发现经常被她使唤的宿舍同学不听使唤了，于是开始在宿舍里故意摔摔打打，不理人，甚至在同学间挑拨离间，搞得宿舍关系十分紧张，同宿舍的5个同学纷纷找辅导员要求调换宿舍。

其实，同宿舍同学是最可能培养出真挚友谊的了。关键是大家心态要放好，心胸宽广。与朋友相处需要待人宽厚、为人厚道。要多看朋友的优点和长处，少计较对方的缺点和短处。当然，宽厚并不意味着无条件地容忍与妥协，朋友之间也需要有善意的批评和争辩，正所谓“君子和而不同，小人同而不和”。大家都是同学，学习生活在一起，难免发生分歧和摩擦，对此要有宽宏的肚量，要有理智的头脑，切不可意气用事，还是应以友谊与理解为重。应当看到，在通常情况下，同学之间没有根本的利害冲突，像庞然和张乐所讲的故事，其实仔细想想，也没什么大事，都是因为生活习惯不同或者一些生活小节问题引起的矛盾。只要度量大点妥善处理，任何分歧和摩擦最终都会被消除的，何必庸人自扰、自寻烦恼呢？宽容的同学，一定能赢得大家的理解和尊重。宽容，是获得同学友谊的一大法宝。

温馨提示

友谊代表着帮助和给予。当你有什么麻烦或者遇到挫折时，你就会想起身边的朋友，你需要他们的支持、鼓励，每个人都会有朋友，朋友就好像是你的家人一样。

什么样的人是朋友？我想应该是在你需要帮助的时候，对你伸出援手；在你需要鼓励的时候，对你说加油；在你需要一个可以倚靠的地方时，会毫不犹豫地借个肩膀给你。

大学生要从多方面塑造自己，积极参加社会实践活动，不断提高自己的政治、思想、文化、道德和专业素质。这有利于我们扩大友谊范围和提高友谊质量，并不断促进自我发展。

2. 人没有十全十美

——学会接受他人的"恶习"

人生离不开友谊，要得到真正的友谊也是不容易的；友谊总需要用忠诚去播种，用热情去灌溉，用原则去培养，用谅解去护理。

——培根

我是一名女生，今年20岁。上高中的时候我学习很刻苦，除了学习没有其他的爱好，也没什么朋友。因高考成绩不理想，补习了一年。考入大学后，班主任安排我当寝室长，我也想好好与寝室同学相处。但时间一长，我发现自己真的无法和室友们相处，我习惯早睡，她们却喜欢聊到深夜；我比较爱干净，她们却喜欢乱丢乱搭，把寝室搞得乱七八糟。我以寝室长的身份给她们提出一些建议和要求。她们不但不听，反而恶言相骂。就这样我与室友经常因为一些琐事而发生争执，我认为自己是对的，但她们并不理睬，几乎没人跟我说话。现在我和室友的关系很糟糕，已经到了孤立无援的地步。

这位同学在与室友相处的过程中遇到了矛盾和冲突，很大程度上是由于以前只顾学习而缺乏必要的人际交往锻炼，过上集体生活后，由于个人生活习惯的差异，导致生活节奏无法与室友保持同拍，产生一定差距，久而久之产生矛盾。其实，这种事情是大学校园里尤其是大学宿舍里司空见惯的事情，需要我们大家正确面对，慢慢磨合，使大家的生活踩上共同的青春舞点。

对于大一新生来说，宿舍同学关系是困扰大家的一个比较棘手

的问题。宿舍作为大学生活的基本单元，不仅是大学生住宿的场所，也是学习、娱乐、交流、交往的重要场所。由于宿舍成员相对固定，朝夕相处，相互之间频繁接触，很多私密袒露其间，室友之间产生不愉快甚至冲突在所难免，这些鸡毛蒜皮的小矛盾如果得不到及时化解，日积月累，就会导致室友间产生误会，直至爆发“战争”，严重的还会诱发心理疾病。许多同学往往在刚入学的第一个月里能够和同寝室同学亲密无间地相处。但是到了第二个月，由于同学们分别来自不同的地域和不同的家庭，慢慢地大家便发现原来我们在思想观念、价值标准、生活方式、生活习惯等方面存在着明显的差异，彼此间的矛盾和冲突开始摆脱潜水状态，逐渐浮出水面。

老师，我是一名新生。刚到大学时，觉得很新鲜，不一样的环境，来自全国各地的同学。自己从没住过宿舍，第一次住宿舍也感觉很新鲜，想和每一位同学相处好。刚开始，和宿舍的姐妹们都相处得很好，特别是小林，当我第一眼见到她时，就觉得很投缘，所以我们很快地就走到了一起。因为是同班，我们几乎是形影不离，就像我和高中时的一位好朋友一样，我们每天一起打水，一起上课，一起吃饭，一起上晚自习，一起逛街，一起聊天，一起……我们总有说不完的话。可是就这样相处了两个月，当我们越走越近时，突然间发现对方的缺点越来越多，比如：小林记性很不好，上次借了我 10 元钱，但是过了一个月，她都没有还。我知道她肯定是忘了，但是我又不好意思开口问她要，如果开口要吧，好像是我小气，不就 10 块钱么，但不要吧，心里又不甘心；还有小林有时候说话声音太嗲，因为她是独生女，所以总感觉娇滴滴的；还有小林是个慢性子，干什么都很慢，每次我都得等她，很浪费时间，如果不等吧，又怕她说我不够朋友，怕她生气；还有……现在我已经有点厌烦小林的声音和她的慢性子了，我们之间的距离也感觉越来越大了，在一起时觉得怪怪的，好像心里有了一些疙瘩，不像以前那么亲密了。但是如果真要放弃这份友谊又会觉得很可惜，他们都说大学里交不到好朋友，并且小林还是有很多优点的，比如很细心，很会关心人。

大学宿舍同学之间的交往状况往往决定一个学生对学校生活的满意程度。在融洽的宿舍中生活的同学，因人际关系和谐，往往心理健康程度高，心情舒畅，学习专心，乐于交往与助人。反之人际关系不和谐、感情不融洽，甚至冲突、仇视，彼此勾心斗角，心理压力便会增大，导致压抑、冷漠、猜疑、退缩、回避、畏惧、敌对等消极情绪和内心体验，严重阻碍心理健康的发展。

如何正确处理和化解这种矛盾，对于即将走进高校的大家来说，应该提前有意识地加强这方面的修养。学会接受他人的"恶习"，正确看待自己和他人，将有助于我们较好地处理这一问题。

首先，学会包容他人的生活方式。很多同学上大学以前没有住校经历，以前个人有自己独立的私人空间，可以自由自在、无拘无束地生活，现在却突然要和几个人共用一个寝室，肯定不习惯，所以应学会包容别人的生活方式。如果别人的生活方式有碍于你的生活，只要不是经常性发生而只是特定阶段的产物的话，我们就更需要包容和理解。比如同宿舍的同学刚刚陷入一场热恋，强烈的情感需求使他(她)们无时无刻不想和对方联系，这时如果出现他(她)们晚上煲电话粥的情形时，我们要更多地给予理解，因为刚陷入情网的人往往都是这样的。而且心理学研究发现，一个人如果保持宽容的心态，在人际交往中奉行宽容原则，不但有利于消解分歧，营造和谐的人际关系，而且还会得到知心朋友，增进身心健康。与此相反，一个苛求别人的人，他的心理往往处于紧张状态，由于内心的冲突得不到解决，就会导致大脑与神经高度兴奋，引起神经紧张、血管收缩、胃肠痉挛、消化液的分泌受抑制，从而产生头痛、胃痛、失眠、食欲不振以及心情烦躁等症状。来自五湖四海的同学能住在一间屋檐下，那是缘分啊！珍惜这种来之不易的缘分，营造良好的宿舍氛围，运用宽容原则来避免或缓解宿舍矛盾和冲突显得尤为重要。

9月，大二女生王然开始了新学年的生活，可是有件烦心事一直困扰着她：同宿舍的一位女生总是跟大家对着干，人家睡觉她熬夜，并经常整出很大动静把大家吵醒，从来不主动打扫宿舍卫生，说好了宿舍用电由大家轮流买可她总是故意拖着不买。最让人不能容忍的是，有一天同宿舍的其他两位同学不在时，王然晚上去了趟卫生间，回来时竟被关在了门外，害得她大冬天的在宿舍外面冻了半天。一想到开学后又要面对这样一位“室友”，而且还将长达3年同在一个屋檐下，王然感到很痛苦。

其次，学会有效交流与沟通。如果大家能经常站在对方的角度去理解和处理问题，学会换位思考，一切将变得简单。王然的痛苦在很大程度上与她不会或者不善于与舍友进行有效交流有关。一般而言，善于交往的人，往往善于发现他人的价值，愿意信任他人，对人宽容，能容忍他人有不同的观点和行为，不斤斤计较他人的过失，在可能的范围内帮助他人而不是指责他人。懂得别人是别人而不是自己，因而不能强求。再者说，也许别人身上有的问题自己身上也有，只是自己没有发现罢了。所以，与朋友相处应该存大同，求小异。这样做可以减少和避免矛盾的发生。另外，沟通交流中要讲究技巧。在给同学提意见时，必须动脑筋，讲究方法和技巧。需要注意的是，给别人提意见一定不能当着众人的面，以免使对方难堪、丢面子。同时要学会有效交谈，学会赞扬和批评，学会说谢谢。心理学家认为，赞扬能释放一个人身上的能量，调动一个人的积极性。赞扬能使羸弱的身体变得强壮，能给恐惧的内心以平静与依赖，能让受伤的神经得到休息和力量，能给身处逆境的人以务求成功的决心。大家身处一个宿舍，更应该学会赞扬别人，尤其是给别人提改进建议时，先赞扬别人，然后再提出问题，容易为对方所接受。如果同学被你赞扬，他就会觉得自己是很优秀的，便会对你产生好的印象。进而对你所说的话都容易理解和接受。所以，我们有必要学会赞扬，同时恰当使用批评。因为一般人都不喜欢被批评。批评是负性刺激，通常只有当用意善良、符合事实、方法得当时，才会产生效果，才能促进对方的进步。而且批评时要注意场合和环境，还应对事不对人，否则会挫伤对方的积极性与自尊心，措辞应该是友好的，真诚的。当然最好还是不批评。如果能够落落大方地说谢谢，也会使对方铭记于心的。我们通常认为亲近的人不需要说谢谢，愿意记在心中。但事实上如果说出谢谢会更令人舒服。沟通时要注意语言的使用，说话不要太刻薄，要注意技巧。

最后，学会尊重和接受个体的差异性。个体差异是指个人在认识、情感、意志等心理活动过程中表现出来的相对稳定而又不同于他人的心理、生理特点。它表现在质和量两个方面，质的差异指心理和生理特点的不同及行为方式的不同，量的差异指发展速度的快慢和发展水平的高低。宿舍里的同学由于来自五湖四海，地域不同导致语言习惯、思维方式、生活方式、行为方式都可能各不相同。就是对于同一个问题，大家的认识可能都不太一致。这种现象就是个体的差异性，这种现象也保证了世界的多样性。理解了个体具有差异性对于我们正确处理宿舍矛盾具有重要意义。比如，有同学晚上不爱洗脚，“一三五不洗、二四六干搓”。还有同学大便过后不冲水，弄的宿舍臭气熏天。对于这样的同学，如果按照我们刚才讲的方法进行有效交流与沟通后依然不奏效，我们就应该考虑尊重和接受他的个体差异性。

温馨提示

世界上没有十全十美的朋友，对朋友要宽容，要信任，要尊重。刻薄、多疑、不尊重别人，是交不到朋友的。

跟别人相处的时候，要知道，和我们交往的不是逻辑上的人物，而是充满感情的人，是充满偏见、骄傲和虚荣的人。

与人交往中，多关注别人的优点和长处，了解和谅解别人的不足，这样更容易构建良好的人际关系。

3. 君子周而不比

——与周边人相处，慎独

天行健，君子以自强不息；地势坤，君子以厚德载物。

——《易经》

据《史记·廉颇蔺相如列传》记载，蔺相如在“完璧归赵”和“渑池会”之后，赵王因为蔺相如功劳大，任命他做上卿，职位在廉颇之上。因而引起了廉颇的强烈不满，处处想侮辱蔺相如。

一次，蔺相如的门客对蔺相如说：“我们所以离开家人前来投靠您，就是因为爱慕您的崇高品德啊。现在您和廉颇将军职位一样高，廉将军在外面讲您的坏话，您却害怕而躲避他，恐惧得那么厉害。连一个平常人也觉得羞愧，何况您还身为将相呢！我们实在不中用，请让我们告辞回家吧！”蔺相如坚决挽留他们，说：“你们看廉将军和秦王哪个厉害？”回答说：“自然不如秦王。”相如说：“像秦王那样威风，而我还敢在秦国的朝廷上叱责过他，羞辱他的群臣。我虽然无能，难道单怕一个廉将军吗？但我考虑到这样的问题，强大的秦国之所以不敢发兵攻打我们赵国，只是因为有我们两人在。现在两虎相斗，势必有一个要伤亡。我之所以这样做，是因为先顾国家的安危，而后考虑个人的恩怨啊。”

廉颇听到了这些话，便解衣赤背，背上荆条，由宾客引着到蔺相如府上谢罪，说：“我这鄙贱的人，不晓得将军宽厚到这个地步啊!”两人终于和好，成为誓同生死的朋友。

廉颇与蔺相如由对立的关系发展成为好朋友，其中最主要的因素就是蔺相如所具有的高尚品德。蔺相如能以国家安危为重，对廉颇容忍谦让。这种高尚的品德，最后使廉颇感到愧悟，负荆请罪，二人最终结为至交。

我国古代就有以德交友的优良传统，在交友中重道义，讲究朋友间的事业相济、德行相砥。如今大学生在择友过程中，一般也优先从品德上加以考虑、注意了解对方的道德品行，一般更愿意同为人诚实、讲信用、品德良好的人成为朋友。一位心理学家曾经对圣约翰大学的46个在校生做了一项调查，调查结果显示：几乎所有的人都认为，信任和诚实是最重要的；其次是责任心和忠诚，做一个好的听众。从上面的调查结果中，我们不难发现，信任、诚实、责任心、忠诚等因素成为许多大学生择友时最为重视的因素。俗话说“物以类聚、人以群分”，能够成为朋友的人，往往是同一类型的人，对朋友良好品行的要求其实是相互的，彼此人格的吸引、德性的弘扬能使朋友之间心灵更为契合，友情更为牢固。

孔子曰：“君子周而不比，小人比而不周”。意思是说，君子团结众人但不结党营私，小人结党营私却不团结众人。“周”就是很多人在一起，大家是周全而周到的，一个真君子无论他有多少朋友，他都会像空气里的氧气一样让朋友们感觉到很欢欣，而他却不张扬自己，并会照顾所有人的情绪；但是小人是什么，是“比”，我们看“比”这个象形字是两个相似的“匕”放在一起，也就是说，小人聚小圈子，他不会照顾大家的情绪。小人喜欢结党营私，不广泛地与众人团结。小人以自己为中心，一切为了自己的利益，交友也是以自己的利益为标准，一切为了自己利益的最大化。

宿舍卧谈
晚上熄灯后最大的余兴节目就是卧谈了，
话题主要有：
政治
新华社电：我宿舍代表小K与314宿舍代表
左左同志顺利会晤，就两宿舍开水资源共享
问题达成一致意见，促进了两
宿舍人民的友谊！
历史
我随便在石头上画点东西
几万年后就有砖家来研究了
你不去打猎
在这干嘛呢？
……
呵呵~嘿嘿！
原始社会好
衣服穿的少
游戏
这个cosplay牺牲大了
当然，最火的话题还是
女生

君子令人敬佩，小人令人不齿。德行高尚的人更容易获得友谊和好人缘。孟子说，“友也者，友其德也，不可以有挟也。”宋代李觏也认为：“师必贤，友必善，所以养耳目口鼻百体之具，莫非至正也。”所以，交友以德，是交友最重要的原则。交友以德，主要是要求人们在交友的过程中，必须把交友的动机建立在道德范围内，既要以德择友，又必须以德待友，把朋友的内涵严格控制在远离物质利益及私欲的道德含义上。不仅要以友辅德，让朋友成为自己道德水平提高的推动器，还要辅友以德，让自己的朋友在善的发展与人格完善上得益于自己。这就需要使朋友具备真正精神意义上的关系。

因此，我们大家在寻求友谊的过程中要讲究原则。在广交朋友的基础上，“取友善人，不可不慎”，坚持“三观”原则，即交友观其德，只有道德高尚的人才能拥有真正的友谊；交友观其行，注意交往对象是否有淳厚善良的性格和良好的个人修养；交友观其友，注意观察对方身边聚集的是什么样的朋友。以德才兼备为标准，寻找真心知己，坚决抵制和批判那种以权、势、利为标准的择友方式。

唐贞观年间，薛仁贵尚未得志之前，与妻子住在一个破窑洞中，衣食无着落，全靠王茂生夫妇经常接济。后来，薛仁贵参军，在跟随唐太宗李世民御驾东征时，因薛仁贵平辽功劳特别大，被封为“平辽王”。一登龙门，身价百倍，前来王府送礼祝贺的文武大臣络绎不绝，可都被薛仁贵婉言谢绝了。他惟一收下的是普通老百姓王茂生送来的“美酒两坛”。一打开酒坛，负责启封的执事官吓得面如土色，因为坛中装的不是美酒而是清水！“启禀王爷，此人如此大胆戏弄王爷，请王爷重重地惩罚他！”岂料薛仁贵听了，不但没有生气，而且命令执事官取来大碗，当众饮下三大碗王茂生送来的清水。在场的文武百官不解其意，薛仁贵喝完三大碗清水之后说：“我过去落难时，全靠王兄弟夫妇经常资助，没有他们就没有我今天的荣华富贵。如今我美酒不沾，厚礼不收，却偏偏要收下王兄弟送来的清水，因为我知道王兄弟贫寒，送清水也是王兄的一番美意，这就叫君子之交淡如水。”此后，薛仁贵与王茂生一家关系甚密，“君子之交淡如水”的佳话也就流传了下来。

孔子曰：“君子之交淡如水”。这实际上是要求人们在交友的过程中，要把友谊的基础建立在道义、德性上，要建立在志趣与操守上。千万不能把交友的基础建立在权、利、欲、玩上。

建立在道德之外的友谊是不可靠的。古人云：“势力之交，难以久远。”“为人友者不以道而以利，举世无友。”“以财交者，财尽而交绝，以色交者，华落而爱渝。”这些议论不仅是一种道德说教，更是对人生丰富经验的概括和总结。让人们把友谊建立在道德上，建立在志趣、理想上，绝不是唱高调，不是老生常谈，而是一种真知灼见。无论是从历史上，还是从现实中，我们随处都可以找到对这种真知灼见的证明。

从历史上看，凡是把友谊建立在利益、权势基础上的朋友，一旦在利益分配上出现矛盾、在权势定位发生变化之后，友谊会马上变质或者破裂。从现实看，实际存在的朋友关系有如下几种类型：一种是建立在志趣基础之上的君子之交；一种是建立在利益基础上的小人之交；一种是建立在吃喝和烟酒上的酒肉之交；还有一种是建立在享乐放纵基础上的猪狗之交。建立在享乐放纵基础上的猪狗之交，是朋友关系中最低的层次。因为他们之间赖以维系其关系存在的是类似于动物的兽性，因此他们之间的关系也绝不会好于动物之间的关系。建立在吃喝和烟酒上的酒肉朋友，在酒肉没有吃完的时候可能还能保持一种亲密无间的关系，一旦杯盘狼藉，酒肉一扫而光，他们的友谊也就如同过肠的酒肉，早就烟消云散、变成垃圾了。建立在利益基础上的朋友，虽然从外表上看要比猪狗朋友或酒肉朋友要道貌岸然得多，但是，也同样是不牢靠的。一旦利益关系不存在后，人们之间就会如同路人。不仅如此，如果因为利益出现了矛盾，尤其是在利益分

哈哈~~最近袜子破了，看
这双晾阳台很久没人拿，
我就先穿上了……
啊啊！！，就算我跟你
关系好，也没好到穿同
一条袜子的地步啊！

配不均时，人们之间就不仅像路人，而且更像仇人。

把友谊建立在志趣、志向上的君子之交，因为他们的友谊之间没有利益掺杂其中，又不受动物本性的趋使，而完全是一种脱离了低级趣味的、纯粹的、精神性的交往，相互吸引人们的是一种有益于人类发展的善和美，是一种有益于自己素质与能力提高的精神食粮。因此这样的朋友，既不会因利益冲突而撕破脸面，也不会因为控制不住自己的本能而干出猪狗不如的事，让自己处于不齿于人类的地位，使友谊毁于一旦。因而朋友之间的长久性友谊势必会得到保证。

所以，我们大家在与同学交往的过程中，务必要提升自身的修养，做君子，而非小人。如儒家所讲内圣外王，做人一定要正心，心正而身修，身修而家齐，家齐而国治，国治而天下平。全面提升自己的综合素质，包括善良正直的品质、健康完善的人格；诚信负责的态度，自信谦逊的气质；广博深邃的知识，独立运作的能力；娴熟流利的英语，广泛多样的兴趣；干净整洁的仪容，积极上进的情感；从容自如的表达，愉快有效的沟通；亲和乐观的微笑，丰富完善的经历。

汉武帝刘彻在位时，司马迁在朝中任太史令，具体负责编写《史记》。当时，许多达官贵人都想讨好司马迁，期望通过他的笔给自己在历史上留下好名声，于是纷纷给他送来了奇珍异宝。有一天。朝中最得宠的大将军李广利派人给他送来一件礼物，司马迁的女儿妹娟打开送来的精致盒子，发现盒子里放着的是一对世间罕见的珍宝——玉璧。司马迁发现妹娟对宝物有不舍之意，于是语重心长地说：“白璧最可贵的地方是没有斑痕和污点，所以人们才说，白玉无瑕。我是一个平庸而卑微的小官，从来不敢以白璧自居，如果我收下了这珍贵的白璧，我身上的污点就增加了一分，白璧不能要，叫人送回去。”司马迁所著的《史记》，被称为“史家之绝唱”，在我国历史上占有重要的地位。《史记》的价值就在于真实地记录了历史，司马迁何以能据实写史？原因之一就是他自身清白，珍惜自己的名誉，行得端做得正。倘若司马迁见了别人的东西就喜爱，不珍惜自己的名誉，他必定难以秉笔直书，《史记》也绝不会有今天这样的价值。

慎独是儒家的重要思想，也是儒家自我修养的重要手段。在古代的典籍中，人们一般把慎独理解为“在独处无人注意时，自己的行为也要谨慎不苟”（《辞海》），或“在独处时能谨慎不苟”（《辞源》）。

《礼记》关于“慎独”是这么说的：“君子戒慎乎其所不睹，恐惧乎其所不闻。莫见乎隐，莫显乎微，故君子慎独也。”其实所谓“慎独”，是指人们在独自活动而无人监督的情况下，凭着高度自觉，努力做完自己既定的目标和计划。这是进行个人道德修养的重要方法，也是评定一个人道德水准的关键性环节。毛主席说“一个人做一件好事并不难，难的是一辈子都做好事不做坏事”，说起来容易，做起来就难了。一般说来，人们往往在纪律约束下和有人监督时能按照要求、规范去做，一旦在外界压力消失的情况下，对自己的道德要求就会放松，行为也可能出现偏差。只有通过慎独和自省的方式来修养身心，社会的道德规范和伦理要求才能真正根植于人们心田，内化为人们的道德意识，指导人们的实践活动，从而使整个社会有序、理性和道德。

慎独是一种人生境界。慎独是一种修养，一种高尚的精神境界，也是一种自我的挑战与监督。柳下惠坐怀不乱；曾参守节辞赐；萧何慎独成大事；东汉杨震的“四知”箴言，“天知、地知、你知、我知”，慎独拒礼；三国时刘备的“勿以恶小而为之，勿以善小而不为”；范仲淹食粥心安；宋人袁采“处世当无愧于心”；李幼廉不为美色金钱所动；元代许衡不食无主之梨，“梨虽无主，我心有主”；清代林则徐的“海纳百川，有容乃大，壁立千仞，无欲则刚”；叶存仁“不畏人知畏己知”；曾国藩的“日课四条”：慎独、主敬、求仁、习劳，其所谓慎独则心泰，主敬则身强。以上种种，无一不是慎独自律、道德完善的体现。慎独是一种情操，慎独是一种修养，慎独是一种自律，慎独是一种坦荡。“吾日三省吾身”，即是慎独的工夫。三省其身，即面对自己，澄清自己的内部生命，纯粹是为己之学。鲁迅曾说：“我的确时时解剖别人，然而更多的和更无情的是解剖我自己”。慎独的最高境界是孔子所说的“随心所欲”。这里讲的“随心所欲”不是我们日常所说的想干什么就干什么，而是指道德修养到一定程度后所达到的一种道德境界。只要我们从“慎独”开始，持之以恒，就能实现从道德修养的“必然王国”到“自由王国”的飞跃。

中华民族是一个优秀的民族，拥有深厚的道德传统。从古至今，多少圣人贤士把“慎独”作为道德修养乃至是人生的标准和追求。孔子云：“躬自厚而薄责于人，则远怨矣。”文天祥被敌人抓获，视死如归，就是这种慎独精神，才留下了“自古人生谁无死，留取丹心照汗青”的千古佳句。可见慎独在我国的道德体系中占据很重要的位置。对于刚刚走进大学的新生来说，慎独更是完善自身、提升修养的重要手段。“慎独”虽然是古人提出来的，但并没有因时代的更迭变迁而失去现实意义，把慎独作为一种修养方法，在保持中华民族的文明礼仪素质过程中是不可缺少的。我们大学生需要培养慎独品质，因为它可以净化心灵，升华人格，教会我们道德选择，承担道德责任，在多元价值冲突的时代，做出自己正确的价值判断，提高大学生的内在道德素质和道德修养。只有这样，我们才能更容易地交到知心朋友，而且在广交朋友的过程中不结党营私；和睦相处之时也不随便附和，失去自我；泰然自若且不骄躁傲慢。

温馨提示

作为当代大学生，我们大家既要重视专业知识的学习和技能训练，更要重视人文素质的培养和心灵教化。

大学生应当不仅具有改变自然世界的技能，更应具有心灵自我唤醒的能力。

努力培养健全的人格，做到理性与情感意志、科学与人文精神、知识与道德的协调发展，为自己成为高素质的人才奠定基础。

4. 这个江湖，和为贵

——和气，和谐，义气害人

无论你怎样地表示愤怒，都不要做出任何无法挽回的事来。

——培根

2003年6月8日凌晨2时许，兰州某高校一年级女生宿舍内传出女生凄惨的求救声和恐慌的尖叫声，女大学生李琴持刀疯狂地向还处于睡梦中的同学王慧砍去，王慧当即被砍得不省人事，鲜血洒满了床单，同学刘燕爬起来救助血泊中的王慧，也被精神失控的李琴挥刀砍伤，一时间宿舍内充满了恐怖的血腥味，其余女同学早已被吓得魂飞魄散，纷纷拔打报警电话和120急救电话，所幸120及时赶到，两名伤者被分别送往医院急救，李琴被刑警带走并暂时刑拘。

李琴和王慧同处一个宿舍但却相处不到一块，在事发前两人就为一些琐事经常争吵，两人的矛盾还曾向系上反映过，系上也曾找她们进行过协调，但无济于事。李琴性格内向孤僻，使同学们无法和她沟通。就在前一段时间李琴竟然在同学的杯子里喷过氧乙酸，在防非典时期，学校禁止学生回家，结果李琴偷偷跑回家而被学校发现，学校给了李琴处分。李琴长期蓄积在内心的私愤都发泄在了王慧身上，最终酿成惨剧。

这样的事就发生在我们身边，相信大家都不陌生吧！这类事件我们喜欢称之为“校园暴力”事件，如果你百度一下，你能搜出更多这样的事件。其实，根据调查显示，校园暴力事件相当程度上和情绪失控有关。因为大部分暴力事件是由于同学间的小纠纷，没有及时化解进而激化扩大的，这时情绪一旦失控，特别容易引起冲动和愤怒，产生报复和攻击行为，加之大学生的不成熟，缺乏对问题的正确判别能力，夹杂着所谓的“哥们”义气很快就由旁观者变为肇事者，卷入暴力事件中。所以，学会管理我们自身的情绪，培养良好的情绪，积极化解负面情绪、防止情绪失控就相当重要了。

吴涛今年 20 岁，是武汉某大学大一学生。他平时喜欢上网，与网友于斌兴趣相投，很快结为好友。7 月 17 日下午，于斌得到消息，他妹妹在寝室跟室友起了纠纷，对方还带了许多人。于斌情急之下，立刻给吴涛打了电话，请他一起去帮忙。吴涛二话没说就答应了。当晚 6 时许，于斌带着吴涛，还喊上了朋友肖刚、张强，带着钢管、砍刀等，一起来到了武昌余家头某集团女单身宿舍旁。到了现场后，于斌看到对方有一群人，随即让吴涛等人在一旁等着，自己一个人先去谈谈。不料，于斌跟对方没说上几句话，就动起手来，对方持钢管等朝于斌猛打。于斌掉头就跑，吴涛等 3 人立刻拿出砍刀、钢管，冲了上去。混战中，对方一人头部受伤，后经医院抢救无效而死亡。案发后不久，警方迅速将于斌等 4 人抓获。等待他们的必将是法律的严惩。

哥们义气同样害死人，吴涛等人的惨剧恰恰证明了冲动是魔鬼啊！作为成长中的我们，务必需要学会将自己的情绪调整到最佳状态。一般来讲，良好的情绪状态主要表现在有稳定、愉快的心境，与理智和意志相联系的激情和适度的应激。稳定、愉快的心境能使人振奋快乐、朝气蓬勃。具有这种心境的人即使在遇到巨大困难时也会认为是可以克服的。失去这种心境，人们则会颓废悲观，同样的工作也会感到枯燥乏味，不利于学习和工作。与理智和意志相联系的激情能激励人们克服艰险、攻克难关、攀登高峰，成为正确行动的巨大动力。消极的激情则对有机体活动具有抑制作用，人的自制力也将显著降低。应激有积极作用，也有消极作用。一般应激能使有机体具有特殊防御、排险机能，能够使精力旺盛，激化活动，使思维特别清晰、精确，动作机敏、准确，推动人化险为夷、转危为安，及时摆脱困境。但强烈而长期的应激，会产生全身兴奋，使注意、知觉范围缩小，言语不规则，不连贯，行为动作紊乱等。

过去，人们一般较多地重视智商，很少去关注情商。其实，情商对于个人的成功具有重要意义。情商主要包括认识自身的情绪、能妥善管理自己的情绪、自我激励、认知他人的情绪、人际关系的管理等五个方面。我们大家刚刚进入大学，一定要理解情商对于我们个人生活的重要作用，尤其应学会把握和控制自己的情绪。有人曾这样说："在成功的道路上，最大的敌人不是缺少机会，也不是资历浅薄，而是缺乏对自己情绪的控制。"激发和维持良好的情绪状态，保持一种积极、乐观、自信的心境，避免和消除不良的情绪，谨慎地使自己不受愤怒、抑郁的影响，你才能在很多事情上达到自己预期的目标，才会发现心顺则事顺，处处充满阳光，心情欢快得像小鸟一样。

我们大学生正处于人生发展的黄金时期，思维活跃，内心充满激情，在生活中经常会因为种种事由使情绪跌宕起伏。有的同学特别不想有那些负面情绪，只希望自己时时拥有积极乐观的心境，但是又很难做到。其实，情绪是一种最原始的体验，它伴随着人生而存在。我们头脑中的任何思想、观念和态度，都会通过情绪表现出来，可以说情绪是反映一个人内心世界的晴雨表。即使语言不通，我们也能通过情绪表现进行交流。所以，情绪是我们生命的重要组成，是生命过程中各种体验的正常表达，没有好坏之分，也从来不是问题。情绪的深层来源是我们内心的真正需要，因此情绪可以成为开启我们内心的钥匙，成为了解自我、发展自我、发掘潜能、铸

就健康、走向幸福的起点。但是，缺乏对情绪的自控能力是大学生中较为普遍的现象。正因如此，我们才需要明白管理情绪的重要性，需要通过学习，练习掌控自己的情绪，让情绪的光芒给自己带来快乐、希望和幸福。亚里士多德曾说过：“任何人都可能发火，这不难。但要做到有正当的目的，以适宜的方式，对适当的对象，适时适度地发火，这可不易。”只有积极主动地调整情绪，才能真正掌握自己的命运，当然我们也需要学会识别和尊重别人的情绪，只有这样我们才能达到彼此之间的和谐共处。

下面我们给大家介绍一下调节情绪的方法和途径。希望大家可以通过这些途径来了解情绪，学习情绪调节的技巧来缓和、转移情绪，从而提高控制情绪的能力。

首先，培养良好的情绪。培养良好情绪可以通过以下方式进行。一是树立真实的自信。如何培养自信心呢？首先，应了解自己目前自信心的状况。心理学专家们设计了不少测试自信心的量表，可以借助量表进行测试，也可以通过自我评价去认识。自信心过强，即过了度，会自以为是、盲目乐观，看不到自己的缺点，这是自我评价过高引起的，应纠正这种偏差，正确地认识自己，培养十分强而不是过于强的自信心，因“真理若再向前迈进一步也会成为谬误”。自信心一般的时候，应设法予以加强。若自信心较弱或很弱，则必须努力加以改变。其次，应定出符合自己实际情况的“抱负水平”。抱负水平定得过高，多方努力均不能达到，容易挫伤自信心。抱负水平可以由低到高地定，每实现一个小目标，就有一份成功的喜悦，就增强一份自信，切不要幻想一步登天。此外，还可通过适当的补偿来培养自信心，即通过努力奋斗，以某方面的成就来补偿自身的缺陷，变自己的劣势为优势，使自信心逐步培养起来。常用的方法有“以勤补拙”、“笨鸟先飞”、“扬长避短”等。最后，应刻苦学习，努力实践，不断充实自己，提高自身素质。这是培养自信心最根本的方法。二是要培养豁达乐观的心态。如何培养这种心态呢？首先要学会辩证思维。对任何事物都不要用肯定一切或否定一切的观点去看待，应抱以积极、乐观的态度去对待。大多数失败者并非智商低下，而多因看问题绝对化，遇到困难消极悲观，使得“未做事先自乱阵脚”，这怎么能成功呢？其次要坚信未来属于自己。正如林肯所说：“只要心里想快乐，绝大部分人都能如愿以偿。”也就是说，只要你相信自己一定会成功，你个人的活动就能够实现这些想法。一个人一生中不可能事事顺利，总要碰到艰难险阻，在逆境中如果不能坚信未来属于自己，就会像肖伯纳所讽刺的那样，“如果我们觉得不幸，可能会永远不幸。”如果我们能坚信未来属于自己，我们就能热情乐观地面对一切了。再次要学会宽容。宽容就是豁达大度、心胸开阔、宽于待人，就如俗话所说“宰相肚里好撑船”，能忍人所不能忍，容人所不能容，处人所不能处。人的心态会因为宽容而热情乐观，也会因不能宽容而不满、不平、不敬、不快。而要学会宽容，就必须加强自身修养，使自己能胸怀广阔，永葆乐观、愉快。最后还可以通过养成有节奏有规律的学习生活习惯，参加健康向上的娱乐、体育活动，学会微笑等方法，获得愉快的感受，以培养自己热情乐观的情绪。

其次，消除不合理的信念。情绪的产生总离不开特定的诱发事件，但同样的诱发事件对不同的人会产生不同的情绪反应，这是因为对诱发事件的看法、解释和评价不同。这就需要我们大家学会如何去改变直接导致其困扰情绪结果的非理性信念，学会如何主动有力地驳斥自己的非理性信念。心理学家韦斯勒较全面地总结出了不合理信念的三个特征。

(1) 绝对化要求，即总以自己的意愿为出发点，对某一事物怀有认为其必定会发生或不会发生这样的信念，如“我必须获得成功”、“周围的人必须对我好”等。

(2) 过分概括化，即以偏概全，以一概十的思维方式。一次考试失利就认为自己一无是处，自惭形秽，自暴自弃等。

(3) 糟糕至极，认为如果一件不好的事情发生将是非常可怕、非常糟糕的，则这种想法会导致个体陷入极端不良的情绪体验，如耻辱、自责、焦虑、悲观等。

所以，我们大家务必要首先学会从理性的角度去审视这些信念，并且探讨这些信念与所产生的情绪之间的关系，从而认识到某些困扰情绪之所以发生，是由于自己存在不合理的信念，这种失之偏颇的思维方式应当由自己负责。然后我们可以通过与他人讨论或实际验证的方法来辅助自己转变思维方式，与自己的不合理信念进行辩论，动摇并最终放弃不合理信念。这样，随着不合理信念的消除，那些困扰情绪开始减少甚至消除，并产生出更为合理、积极的行为方式。行为所带来的积极效果，又促进着合理信念的巩固与情绪的轻松愉快。最后，我们通过情绪与行为的成功转变，从根本上树立起合理的思维方式，不再受情绪的困扰。

药家鑫，西安音乐学院大三学生，于2010年10月20日深夜，驾车撞人后又将伤者刺了八刀致其死亡，此后驾车逃逸至郭杜十字路口时再次撞伤行人，再次逃逸时被附近群众抓获。后被公安机关释放。2010年10月23日，被告人药家鑫在其父母陪同下到公安机关投案。2011年1月11日，西安市检察院以故意杀人罪对药家鑫提起了公诉。2011年3月23日，该案件在西安市中级人民法院开审。2011年4月22日在西安市中级人民法院一审宣判，被告人药家鑫犯故意杀人罪，被判处死刑，剥夺政治权利终身，并处赔偿被害人家属经济损失45498.5元。

最后，学会管理情绪，合理宣泄情绪。大学生的情绪十分丰富，负面的情绪需要及时释放，否则长期的压抑会导致最终的爆发，后果会更严重。近来备受社会关注的西安音乐学院大三学生药家鑫杀人案便是如此。药家鑫长期以来的负面情绪得不到发泄，终于有一天火山爆发，酿出严重后果。所以，我们大家在遭到负面情绪的困扰时，可以选择适当的情绪宣泄，如选择朋友、老师、咨询专家、网络等进行倾诉；通过写日记等发泄并整理自己的情绪，有丰富的经验性证据证明，在悲伤或创伤性事件的情境下，记录情绪反应能对身体健康产生长期有益的影响。在记录情绪反应的过程中，当事人可以冷静下来组织自己混乱的情绪，结合自己原有的认知结构，认清事情的本质，并适当地调节自己的情绪，从而避免过激的情绪对身体和人际关系的伤害。

温馨提示

情绪调控是指个人能左右情绪的发生和结果，使之与期望的目的相一致的过程。

情绪调控是通过对情绪的激励和克制来实现的，激励表现为推动人为达到目的而产生积极情绪，克制则表现为制止与预定目的相矛盾的情绪体验。

大学生要学会进行情绪调控，提高对情绪进行成熟调节的能力，更好地发挥情商的动机作用。通常的方法有：向亲人和朋友倾诉、转移注意力、音乐放松、情绪自我宣泄、情绪归因升华等。

5. 红颜知己 VS 蓝颜知己

——爱情和友谊

友谊常以爱情而结束，而爱情从不能以友谊而告终。

——C.C.Colton

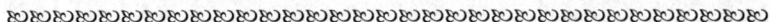

王芳是某校大三学生，她性格开朗，人缘很好，不管男生、女生都跟她处得很好。一次偶然的机会，王芳认识了外校一个大二的男生李兵。两人都觉得很聊得来，周末就经常相约一块去看电影、跳舞、吃饭、聊天。所有的人都认为他们是在谈恋爱，但王芳觉得她对李兵的感觉只是合得来的好朋友，并没有恋爱的感觉，认为李兵是一个不错的玩伴。后来，在周围人的压力下，她逐渐疏远了李兵，但又对失去了一个好朋友而感到很遗憾。

传说中，男人要有个妻子，还要有个红颜知己(红颜知己，就是一个与你在精神上独立、灵魂上平等，并能够达成深刻共鸣的女性朋友。而不单单是让你一味倾诉烦恼情绪的垃圾桶，或者在外面的世界受了伤害才倦鸟望归的巢穴)，才算人生圆满，了无缺憾。传说中，女人要在婚姻或恋爱之外，有个蓝颜知己(蓝颜知己即是亲情、友情、爱情之外的第四种情感，是对女人而言的一种感情。是那种比朋友多一点，比情人少一点的关系。在她眼中，他是一位

非常知心的好朋友，当然比一般的朋友感情更进一步，什么都能向他倾诉。但是也只能维持在这个距离)，有事没事可供倾诉。而在这红颜与蓝颜之外，却还存在着一个问题：男与女，究竟能否只是朋友还是可以突破？相信王芳身上发生的故事同样也困扰着我们大家，那究竟应该怎么办呢？先听故事吧！

她与他是高中前后桌的同学，她是班长，他是文体委员而且歌唱得很好。她与他开始接触是源于她的好朋友婧。婧不知从什么时候开始迷恋上了他，不停在她面前提他，并因此经常情绪低落、自卑自怨。因为坐得离他很近，她便觉得应该帮一下好朋友，于是便寻找机会与他说话，并暗示婧对他的感情。他们很快发现彼此志趣相投，后来她发现他对婧并没有太多感觉，就慢慢放弃撮合的心，同时因为她一直把他当作婧的心上人对待，很看重同性友谊的她就对他没有非分之想。

高中毕业，他和她进了不同的大学，以前的交谈变成了通信，相互的称呼变成了“亲爱的朋友”。频繁的通信让他们心灵投契，她的博学多才使得他对她产生了敬重，这也让他有了一种距离感。后来他们有了各自的恋人，但依然保持着通信，分享恋爱中的甜蜜与苦闷，就连恋人也知道他们有这样的异性知己。

有人说，男女之间是没有纯友谊的，当中总有一方对另一方存有幻想，只是基于某些原因，没有将心底话说出来，而继续让友情来掩饰爱意。只有那些曾经深深爱过，相处了好一段日子的男女，明白大家根本就是性格不合，不可能再继续相处，在没有第三者存在而和平分手的情侣，才可以有纯友谊存在。上述案例中，女方因为自己所受的教育而形成了固有的一套处事准则，阻止了她对他产生爱的感觉。而男方对女方的敬重也很难让他产生爱的冲动。但他们在精神上很接近，又有学生时代那种天然、亲切的感情做基础，所以友谊能够一直保持下去。因此，我们认为，男女之间还是可以培养纯洁的友谊的，关键要看双方的处世态度了。

此外，异性交往也是人际交往的重要组成部分，异性间的友谊是男女之间的纯真友情。异性友谊对于大学生来说是必要的。处于青春期的大学生，由于性心理的发育成熟，性意识增强，加上社会环境的影响，产生了对异性的好奇心和好感，产生和异性交往的强烈愿望。在与异性交往的基础上产生的异性友谊，有益于男女大学生的情感稳定与补偿，有益于行为调节和个性的全面发展，有助于学业的完成和事业的成功。

一个人在异性面前总是更想表现自己美好的一面，从而激起自己行为的积极性和创造力。举个大家都非常熟悉的例子，某校某班学生外出野餐。第一次，男女分席，男生个个狼吞虎咽，女生一片嬉笑、吵闹，杯盘狼藉。第二次，男女合席，男生彬彬有礼，你谦我让，不乏君子风度；女生细嚼慢咽，温文尔雅，大有淑女风范。这就是心理学上所谓的异性效应。其实，异性交往还具有心理的整合、协调与保健功能，俗话说的“男女搭配，干活不累”的道理是有心理学依据的。在学习、游戏、旅游、体育比赛等活动中，很多中学生在异性面前都会有一种异样的心理感受，一种难以言表的愉悦与兴奋，而且特别愿意在此时表现出自己的长处。有的女生说：“我觉得男生心胸开阔，和他们在一起时我的心情也开朗了。”有的男生讲：“也不知为什么，比赛时如果有女生在场观看，我们男生就跑得特别卖力。”其实，这些都说明了正常的异性交往对双方的心理健康发展都会有促进作用。由于男女同学各自的特点不同，男生往往比较刚强、勇敢、不畏艰难、更具独立性，而女性则更具细腻、温柔、严谨、韧性等特点，男女同学的正常交往可以促使双方互补，对他们的性格发展和智力发育都有益处。

也有人说因为有男性，女性才变得更加温柔；因为有女性，男性才变得更加刚强，此话不无道理。异性的相互吸引会使彼此产生更加完善自己的要求，同时也会给双方营造一个发展各自优点的最佳环境。这样就为自己创造了一个自我发展、自我评价、自我完善的最佳心理环境，获得一个克服自身缺点及弱点的绝好机会。

同时，有一点还需要我们大家明白，虽然异性交往对双方都有益处，但是异性友谊绝不同于爱情。异性友谊和爱情是有显著区别的。日本的心理学家通过研究提出了区别友谊与爱情的五条标准。第一，支柱不同，友谊的支柱是理解，爱情的支柱是感情。第二，地位不同，友谊的地位是平等，爱情的地位是一体化。第三，体系不同，友谊是开放的，爱情是关闭的。第四，基础不同，友谊的基础是信赖，爱情则纠缠着不安。第五，心境不同，友谊充满“充足感”，爱情则充满“欠缺感”。异性友谊的发展有两种可能：一是经过努力而发展为爱情，二是长期保持朋友关系。那种认为异性之间只有爱情而没有友谊的看法是错误的，异性之间完全可以建立和保持朋友的友谊。

星儿是一位活泼开朗的大三女孩。她是学校的风云人物，办事干脆利落，交友甚广，尤其是和男生关系不错，很多男生都是她的“好朋友”。她最大的烦恼是，这些“好朋友”男生到最后都会向她提出：做我女朋友吧！为此，她受到了不少同班女生的嫉恨。她想不明白，男女之间，难道就不能有纯粹的友谊了吗？

当然，我们也必须承认，大学生在异性间的接触与交往过程中，虽然双方得到了真挚的友谊和教益，但同时也可能容易遭到一些误解，以致有时出现不愉快。这虽然有世俗偏见的一面，但也有我们大学生在发展异性方面考虑不周的一面。那么，我们怎样才能避免在与异性同学交往时出现不必要的麻烦呢？

一是交往双方一定要相互信任，互相尊重。由于男女之间在气质、性格、身体、爱好等方面都有着较大的差异，因而异性间的交往是非常敏感的，只有保持尊重和信任，男女同学之间的真诚友谊才有保障。

二是我们既要反对男女之间“授受不亲”的传统观念，又要注意“男女有别”的客观事实。男女同学之间，只要是正当的纯真的友情，完全可以堂堂正正地往来接触。但也不能说异性朋友之间没有一丁点儿性吸引，因而明智的人要学会服从良心和社会禁忌，一举一动都要大方得体，不能过于随便。

三是要从思想上和行为上分清友谊与爱情的界限。因为人总是有感情的。在友谊和爱情之间并没有一条不可逾越的鸿沟。超过一定的限度，兴许你自己也分不清哪是友谊哪是爱情了。

四是应多在集体活动中交往，若是单独相处时，一定要注意选择好环境和场所，尽量不要在偏僻、昏暗处长谈。如果在房间里单独相处，不要插门或锁门，以免引起他人的猜测或误解。

五是相处中的女同学要自尊、自重，男同学要有自制力。人际交往的两性道德原则还是必要的。女生在与异性相处时，一定要保持自尊、自爱的美德，既要有女性的荣誉感，又要善于自我保护。作为男性则应更加谨慎，善于克制，这样就不会发生什么意外情况了。

总之，在异性同学的交往中，注意言行谨慎，注意把握分寸，是可以存在真诚的友谊的，真诚的朋友是不分性别的。

温馨提示

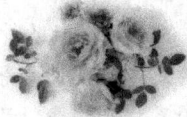

友谊和爱情的根本区别是：爱情是自私的，友谊是无私的。爱情是感情的私有制，友谊是感情的公有制。

男女间可以有真正纯洁的友谊，但要用理性去控制，如果失去控制，则双方在条件相当的情况下，有可能发展成为爱情。

6. 说好了，不哭泣

——大学毕业，哭得一塌糊涂

相逢方一笑，相送还成泣。

——(唐)王维

弹指一挥间，四年的大学生活已随阵阵清风消逝在茫茫尘埃当中，只留下零零散散的记忆碎片不时地闯入我们的思绪。看着镜中的自己，昔日那个稚气未脱的少年已经不见踪影，留下的只有一丝成熟的味道，和那些代表成长的胡须。有人说分离的时节是让人十分感伤的，尤其是大学毕业的分别。我曾经对之嗤笑，但当我亲身经历这段时光，我才深深地领悟到那蕴藏在其中的哀伤与难舍。亲眼目睹了一次又一次的醉酒，亲手送走了一个又一个兄弟，紧紧相拥挥手告别，不知何年再相见。七月的校园也充满了离别的味道，随处可见依依不舍的画面，便是这天空似乎也为之感动，为之哭泣。丝丝细雨映着大家脸上的泪水，奔向了四面八方。当一切重归寂静，只有那阵阵的清风在诉说着往日的故事。

又是一个七月，又到了一个离别的季节。从几年前的生涩初见，再到相识、相知，匆匆几年，多少人的大学在这个七月画上句号。相遇，总是美好的，离别，却总是带着泪水。多少亲兄热弟从此各奔东西，多少两情相悦从此各走天涯。但不管吞下的是甜果还是苦果，总算给自己留下了丰富的回忆，在人生这张画纸上增添了浓重的一笔。

这个季节总是让人充满了感伤和记忆。毕业了，有多少感动，有多少遗憾，一切都在离我们远去。不变的是对过去的怀念与对未来的憧憬。当大家在为进入梦寐以求的高等学府，在高考的考场上苦苦奋斗时，有一群人已经修完了四年学业，悄悄地跨出了象牙塔。一边是热火朝天的憧憬，一边是朝花散尽的伤感；一边是花团锦簇，父母长辈恨不得捧在掌心呵护，一边是离愁别绪，昔日同窗追着火车泪流满面。四年的点点滴滴，都浸润在离别的气氛里。

曾经朝夕相处的同学，是浪迹天涯的游子放飞的信鸽，是独在异乡把酒问月时的回眸，是一杯相约相守的醇酒，是共步人生之旅的相靠相依，是心与心的默契，是独步人生的悟语，是灵性相守的温暖叙述，是遥相牵挂的此岸与彼岸；是一种忧伤的美丽和甜蜜的惆怅，是思念的小溪长流不断！

2005年6月30日，哈尔滨下着绵绵细雨，上午毕业典礼结束，有一种解放的感觉，而更多的是伤感，天好像知道我的心情，陪着我淅淅沥沥地流着眼泪；中午，把行李邮寄事宜办妥，带上简单的随身物品，掏出手机，边往338车站走边给在哈尔滨认识的每一个人打电话，一一道别，身边，寝室四姐妹在旁边默不出声，男朋友则不断地给我递上纸巾。电话那头说，在哪里？等会儿，我送你去。不敢让太多的人去送我，因为知道自己平时就是那种眼泪很软的人，更何况是这样的场合，所以一一拒绝了。路遇班长，一向执著的他一定要送我走，推辞不过，一行几个人早早来到车站，一向坚强的好朋友走到无人处，擦着眼泪，不敢看她的眼睛，要知道就是在体育赛场上受伤失败时也没见过她流泪啊；班长说，感冒了，给我拿点纸，可是谁感冒了鼻涕是从眼睛流出来的啊！5:30该上车了，一一拥抱了都是泪眼婆娑的大家，带着伤感，怀着壮志豪情，一路南下……

即将毕业的大学生总是对往昔充满眷恋，对宿舍、教室、食堂甚至是校园里的花花草草都变得十分依恋。有的男同学借着酒劲干脆抱头痛哭。在网上看到一位大学毕业生在校友录上发言说：同学们，我真的好怕我们会永远见不着啊。为什么？在离别的时候总是特别难受，无论是情人、朋友，还是仇人，真的，这一刻什么都没有了，只有泪水。什么都不要说，说什么都是多余的，此时无声胜有声啊！离别的日子在漫长的等待中到来。许多女生哭得梨花带雨，许多男生也是泪水满眶。睡不着，于是就在一起喝酒聊天，几年的好友甚至是至交，也许一辈子只有这么一段相处相乐的时间了，这时总感觉好像有说不完的话。有快乐的时光，烦恼的日子，也有奋斗中的痛苦，彷徨时的无奈。

离别是宽容的，四年中所有的怨恨都开始被抹消或化解。相信大家都经历过中学时代的毕业分别，你会发现，离别前大家好像突然间都变得很感性，甚至感性得都失去了理性，失去了是非的判断力，无论对的、错的，都满口说着“都怪我，当初是我不对”，那一会儿，好像没什么是对的了。以前彼此间发生的那些磕磕绊绊和不愉快，这时也“相逢一笑”，恩恩怨怨全抛到脑后了。毕业纪念簿上写满的都是真情告白，或回顾，或展望，或共勉，或规劝。赞扬也好，批评也罢，都是情真意切。

那究竟是什么能引起大家如此强烈的情绪反应？毫无疑问，是友谊，是大学生的友谊。“多情自古伤离别”，到了不得不分开的日子，人们总会倍感珍惜曾经的拥有。大学生的友谊不仅是大学生活的重要组成部分，还是促进大学生完成学业、成就事业的重要因素。友谊对于青年大学生来说，有着特别重要的价值。这是因为从人的发展来看，青年时期内心世界迅速形成，成人感增强，逐渐减弱了对父母师长等成人的感情依赖，而把感情依赖的方向转向同龄人。再加上大部分同学远离家乡、父母。因此，同龄人之间的友谊成为青年人最为珍贵的感情之一。正如爱因斯坦所说："世间最美好的东西，莫过于有几个头脑和心地都很正直的朋友。"友谊是一种爱心的交往，是以爱心来换得爱心，是相互之间给予爱的奉献。这种在共同的学习、生活、工作的基础上产生的高级情感，丰富了青年的情感世界，使大学生懂得了关心人、尊重人和理解人。同时，友谊也是大学生认识自我、促进自我发展的重要途径。大学生刚刚踏上人生道路，世界观、人生观尚未成熟，模仿性和可塑性都很强。在与朋友的交往中容易相互影响、相互模仿，并从朋友身上找到衡量自己的尺度，发现并学习对方的长处和优点，不断促进自我的完善与发展。正如美国著名的社会学家、作家和心理治疗专家莉兰罗宾所说："我们不是单面的人，我们也有不止一种的潜能。而朋友，正是我们自己的投影，他们帮助我们认识自己的各个侧面，并发掘自己以前所不知的各种潜能。"我们大家刚刚进入大学，开始崭新灿烂的大学生活，一切都是新的开始，更要学会珍惜友谊。"亲情、友情、爱情、同学情"是人世间最珍贵的财富，即使是用千金也无法购买。谁拥有这些财富，谁就拥有最完美的人生——不管他(她)是富有还是贫穷，也不管他(她)是高贵还是低贱！

无论什么时候，友谊都是我们的精神支柱。没有朋友的日子是多么痛苦。当朋友为我们排忧解难的时候，又是多么甜蜜。我们每个人都一样，只要与朋友在一起，心永远不变，勇敢前进，毕业后，甚至永远，也不会感到寂寞的。"劝君更尽一杯酒，西出阳关无故人"，珍惜朋友，珍惜友谊，珍惜一辈子的财富。若干年以后当我们再次回忆大学岁月，朋友将是不变的画面！

温馨提示

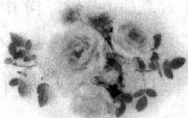

友谊是一把伞下的两个身影，是一张桌子上的两对明眸；友谊是一弯温暖的海港，静静地抚慰着疲惫的帆船；友谊是穿越人海，互视对方双眼的默契，是不期而遇的缘分。

因为共同的志向，我们大家走到了一起，但却又为了各自的奋斗目标而各奔东西。在顺境中，朋友结识了我们；在逆境中，我们了解了朋友，结下了友谊之情。

友谊犹如夏日的雨露、冬日的太阳，心田靠它滋润，冰雪靠它融化。无论身处何地，不要忘了，是友谊让我们共同度过了那段友情岁月，祝愿我们的友谊地久天长！

第四章　爱情篇

——等待，与 TA 相遇

1. 大学里的恋爱：必修课还是选修课
——端正爱情态度

爱意味着什么呢？这意味着为他的幸福而高兴，为使他能够更幸福而去做需要做的一切，并从这当中得到快乐。

——车尔尼雪夫斯基

小华上大学一年了，可还是不太能适应大学生活。她说自己是个控制能力很差的人，曾发誓大学里不谈恋爱，可又觉得一个人太孤单，尤其是走在校园的小路上，看到一对对恋人幸福地牵手从身旁走过，心里就特别难受。偌大的校园里，自己只是一个普通得不能再普通的小人物，没有人能跟她分担烦恼，只能选择一个人默默承受。于是小华开始想找男朋友，但对此事并不想太认真，不打算和他真正走到一起，只是觉得有些空虚无聊。

在大学校园里，像小华这样因孤独寂寞而恋爱的例子并不少见。对于大一新生来说，身边不再有父母的关爱和照顾，也少了老朋友的支持和帮助。在寂寞的时候，需要有人陪伴，于是选择了恋爱。但如果仅仅是因为寂寞而选择的恋人，往往志不同，道不合，也很难排遣对方的孤独和寂寞，恋爱之后会陷入更大的空虚和寂寞当中。

浪漫邂逅
那午后慵懒的阳光，撒过
图书馆窗口的菱形格子…
碰
素装淡雅的女孩……
谦恭有礼的男孩……
不期而遇地在此邂逅……
好的，没想到你
也喜欢这本书啊
，有机会可以一
起讨论一下的
女士优先，书你就
先借吧，到时候我
直接找你拿就成！
一切那么自然地发展着……
太兴奋了，
赶紧去图书馆！
坑爹啊…
新校区
规划
图书馆
建设中…
出师不利！

爱情无疑是大学生们最为关注的话题之一，而大学生恋爱也早已不再“犹抱琵琶半遮面”了。“卧谈会”上、餐厅饭桌旁、课间教室里，都常有兴致勃勃的谈论。一些恋人花前月下，卿卿我我，成双成对地活动在校园里。爱情是那样独具魅力，拨动着同学们的心弦，令人寻觅和向往。

大学生是否可以谈恋爱已是无需讨论的话题。现在的热门话题是：大学生谈恋爱是选修课还是必修课。有人认为，上大学谈恋爱可以增进人生阅历，有助于成长，对今后走向社会乃至步入婚姻家庭都有好处，是一门必修课。也有人认为，谈恋爱要讲缘分，大学生的各方面准备还不成熟，目的性太强，谈恋爱反而有害，应该是一门选修课。

大学生谈恋爱的人大致有两类：一类是确实发现对方与自己比较合适，于是开始一段感情生活，还有一类是出于盲目心理，为了满足一下暂时的虚荣心，随便找一个，只为装点门面。大学生恋爱，充其量是一门选修课，更是一门看你态度如何的选修课。没有端正的态度，根本就不配“上课”；而有了正确的态度，也不见得能顺利“毕业”。

然而，恋爱问题恰恰也是大学生最感困扰的问题之一，因为恋爱问题处理不当，导致当事人内心痛楚、人格扭曲，甚至引发精神失常的例子在大学校园里时有发生。而什么是真正的爱情，大学生又应如何对待爱情、追求爱情，这是需要我们认真思考的问题。

提出这个问题，似乎有点“小瞧人”了。恋爱不就是两情相悦，对上了眼，处得开心，过得愉快，相亲相爱的一对恋人卿卿我我吗？没错，表面现象是这样。但是，一个严肃负责的人，仅停留在这个层面上是不够的，还必须弄清楚爱情的本质是什么？什么是健康的爱情？所谓爱情，是一对男女基于一定的社会基础和共同的生活理想，在各自内心形成的相互倾慕，并渴望对方成为自己终身伴侣的一种强烈、纯真、专一的感情。性爱、理想和责任是构成爱情的三个基本要素。人在社会中始终不是孤立的存在，而在人生的不同阶段，对心理健康产生重要影响的人际关系的侧重点也是不同的。对大学生而言，曾经产生过重要影响的亲子关系、师生关系、伴群关系，正让位于两性间的恋爱关系。恋爱关系对大学生的意义，事实上已超出了这种关系本身，而是作为其自我认定和自我价值感的基础。所以，大学生恋爱是身心发展的需要，对其心理健康也有积极的促进作用，但必须是建立在真正的、健康的爱情基础之上的。反之，不仅不利于心理健康，而且由于大学生的身心发展并未完全成熟，可能对其身心健康造成很大的危害。

大四毕业找工作接连受挫，我感觉前途一片渺茫。有舍友提醒，我们班上一位女生的父亲是个大公司的董事长，不妨求她帮忙。听到那个女生的名字，阴霾的天空出现一道亮光。因为那个女生好像对我有好感，有事没事找我聊天，而我却对她不理不睬。没想到这位貌不惊人的女生竟然大有来头。她很乐意地帮我进入那家公司实习，而且因为她这层关系，我有了很大的学习空间，我踏实肯干、好学上进而得到大家的一致认可。我们迅速恋爱起来，但是，我并不喜欢她，更何况我早就有了意中人。但我发现爱情在现实面前是如此的苍白，我是家人的希望，我不能让他们失望，更不能在毕业后还花他们的钱，让他们养我。我找到了另一种爱情。

上述例子的主人公，他所寻找到的爱情建立在世俗和功利的基础上，是一种可以用现实交易的爱情，也是一种不健康的爱情。

心理学家根据恋爱中对爱情的追求，进一步把爱情分为健康和不健康的两大类。健康的爱情表现在：不过分痴情，不咄咄逼人，不显示自己的爱情占有欲，能够充分尊重对方；将爱情给予对方比向对方索取爱情更使自己感到欢欣，并以对方的幸福为自己的满足；是彼此独立的个性的结合。不健康的爱情表现在：过高地评价对方，将对方的人格理想化；过于痴情，一味地要求对方表露爱的情怀，这种爱情常有病态的夸张；缺乏体贴怜爱之心，只表现自己强烈的占有欲；偏重于外表的追求；建立在家庭、门第、前途等功利基础上而非情感基础上。

根据恋爱动机的不同，大学生的恋爱可分为以下几种类型：

比翼双飞型。这类学生基本上具备成熟的人格，能够以理性引导爱情，正确处理恋爱与学习、友情与爱情、情爱与性爱的关系。不仅仅把恋爱看做人生的快乐，而且能把爱情转化为学习和工作的动力。

生活实惠型。这类恋人彼此间的爱慕与向往也许并不强烈，但有确定的生活目标。这种爱情理智而现实，比较关注家庭条件和对方的发展前途。

虚荣攀比型。先来看某大学女生小唐的自述：

大二下学期开学时，班上一个男生向我表白。我其实一直把他当好朋友，但不知为什么，我竟然糊里糊涂地答应了。也许是自己的虚荣心作怪吧，看着周围的同学一个个步入爱河，我也很想谈一场轰轰烈烈的恋爱。况且他很优秀，我觉得自己也很不错。当初我答应他只是对他有点好感，而他追求我只想找个情感依靠。在他情绪低落的时候，我们基于相互的需要走到了一起。

当周边的许多同学有了异性朋友时，一些男生为了不使自己显得无能，一些女生为了证明自己的魅力，也学着别人的样子匆匆地谈起了“恋爱”。这种恋爱带有很大的随意性，缺乏认真的态度，常常是跟着感觉走，“不在乎天长地久，只在乎曾经拥有”。

玩伴消费型。这类大学生时常感到孤独、烦闷，为了弥补精神上的空虚，急欲与异性朋友交往，“恋爱”成为一种近景性的精神需求。“我其实不是真的在谈恋爱，只是生活太乏味了，又没有知己，想找个伴畅快畅快。”

功利世俗型。以对方的门第、家产、地位、名誉、处所、职业、社交能力、顺从度等为恋爱的前提条件。

追求浪漫型。这类学生情感比较丰富，追逐浪漫的爱情，觉得出没于花前月下的刺激比爱情的责任和义务更富有色彩和韵味。他们时时沉浸在两人的世界里，忘却了集体，甚至忘却了学业。

可见，正处在思维、心智、行为成长的重要阶段的当代大学生，由于社会阅历、生活经验的缺乏，加之思想上的人生观、价值观的不完善，其恋爱观表现出简单化、片面化、理想化、浪漫化的特点。爱情以人的性生理发育为前提，以人的具有社会内容的思想感情为基础。大学生迫切渴望爱情，但不能正确理解恋爱的含义，在恋爱问题上存在许多不良认知。那么大学生应该树立怎样的恋爱观，尽量少走“弯路”，避免走进“死胡同”呢？

爱情是人生中重要的组成部分。人的一生短暂而丰富多彩，在一个人的身边伴随着亲情、友情、爱情。大学生考虑爱情的问题是无需指责的，但一定要正确认识爱情。爱情的本质是承担责任、勇于奉献。真爱是以互爱为前提的，它可以使人获得力量和幸福，充实人生，构建和谐家庭。但爱情不是人生的全部，伟大的事业、崇高的理想更具有意义。“以钱取人”、“以貌取人”、“以恋补虚”等动机不纯的恋爱是不会带来长久的幸福的。

正确处理学习和恋爱的关系。大家应利用自己的“黄金时期”多多积累知识，培养自己在各个方面的能力。大学生不能因为好奇而过早涉入爱情，更不能以爱情为托词，来满足自己寻求刺激的心理。当爱情真的降临到你身上时，要进行理智的思考，摆正爱情与学业之间的关系。

寻找志同道合、互相促进的伴侣。在寻找恋人时，一个重要前提是双方的世界观、价值观、人生观基本一致。有共同的奋斗目标和生活理想，有相似的人生态度，可以使两个人心心相印，对各种事情达成共识，行动协调一致，这样才能在恋爱中互相促进，达到爱情和事业的“双丰收”。

认识爱情的真谛——理解、信任、责任、奉献。爱情是两个人之间的情感交流，在交流中升华，达到爱情的顶峰。两个人交往随时间的增加，彼此多了些了解，要学会包容、理解。不能“钻牛角尖”，不能“小心眼”，而要充分信任对方，给对方独立的空间。要懂得奉献，而不是一味地向对方索取。

学会识别爱情的“真伪”，保护自己。有人说，在恋爱的时候，恋人的智商几乎为零。在鲜花、美言的背后，恋爱双方要看清你所爱的人的“真伪”，有一定难度。如果真有幸运落在你的身边，你一定要识别它的“真伪”，不要成为爱情的牺牲品。两个人最需要的是真情实感，只有这样，爱情才会结出美丽、灿烂的花环。

恋爱与不恋爱，都是自由的选择，但我们要对自己的选择负责。感情的事是无法预料的，“得之我幸，不得我命”，没有必要去刻意尝试。重要的是，在这几年里不断完善自己，健全自己，使自己的思想和灵魂得到提升。

温馨提示

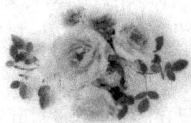

一见钟情中激情的成分较多，但是激情很容易随着时间以及生活的平淡渐渐冷却，所以当激情退去，一见钟情很难经得起生活的考验。

虚荣会开花，但不会结果。

不要因为寂寞而恋爱，要学会忍受寂寞，把自己的爱留给那个真正值得我们去爱的人。

2. 最是那一低头的温柔

——学会表达爱

如何让你遇见我，在我最美丽的时刻为这，我已在佛前求了五百年，求他让我们结一段尘缘。

——席慕容

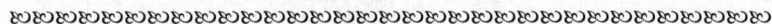

小伙子深爱着一位姑娘，但他的矜持阻碍了表达。女孩也很爱他，多次暗示不成，女孩便对他说："你可以吻我一下吗？"男孩只是脸红而不知所措。女孩决定用请客表达她的心思，在温馨的小饭馆中，女孩说："今晚你说什么我都会答应你。"男孩却始终不敢说："你愿意嫁给我吗？"女孩渐渐地对爱失去了信心。当男孩有了表达的勇气时，女孩已飞往异国他乡。

大学生在恋爱过程中，常常会有上述这种情形：你曾在梦里寻觅千百度的他(她)，如今就在眼前，你却不敢表白自己的感情，羞于表达爱。这无疑是由于自尊心或自卑感在作祟，唯恐你"落花有意"，而他(她)却"流水无情"。其实，向自己所爱慕的人表露情意，不是丑事，更非坏事。这犹如一道朦胧美丽的爱情帷幕出现在你面前，幕那边是你的意中人，怎样才能拉开这道帷幕与意中人相会呢？比较明智的方法就是：真情告白，大胆求爱。

异地恋　此类多半系同一高中男女，刚入大学之初彼此处于感情空白期又想寻求不同于高中的生活方式，干柴烈火容易燃烧。

电话接通前一秒…
彪悍的大叔
电话接通瞬间…
嗨~~亲爱的~~
HI~~honey
柔情似水
一个小时后…
来，啵一个~~
大叔，快点啊！别霸占宿舍电话，我爸一个小时都没打通！
三小时后…
呀？！电话卡没钱了，明天买张新的再给你打啊
服了你

真情告白，大胆求爱，最主要的是要掌握好时机。如果男女双方早已产生好感，在互相了解的基础上，勇于向对方表白自己的爱慕之情，说出自己的真情实感，大胆求爱，捅破窗户纸，成功就有相当把握，结成秦晋之好也就很有希望。

许多恋爱过来人都有这样的同感，就是分不清友情和爱情，不知道如何表达爱或响应示爱的信息，东方人性格含蓄、内向，更欠了幽默感，“I love you”之所以比“我爱你”说得更轻松，显得更自然，正是这种文化的体现。

其实，当你在茫茫人海中遇到心上人之后，经过理智分析，要敢于表达、善于表达，这是一种爱的能力。同时，一个人面对别人的示爱，能及时准确地对爱作出判断，并作出接受、谢绝或再观察的选择，这也是一种爱的能力。缺乏这种能力的人，或是匆忙行事，或是无从把握。大学生要具有迎接爱的能力，就应懂得爱是什么，有健康的恋爱价值观，知道自己喜欢什么，需要什么，适合什么。当别人向你表达爱时，能及时准确地对爱的信息作出判断，坦然地作出选择。

某高校一名临近毕业的男生张某为了追求自己心仪已久的女生，于 12 月 31 日晚上在该女生宿舍楼下点燃 99 支蜡烛拼成“I LOVE YOU”(我爱你)图案，手捧玫瑰在寒风中苦苦等候，希望在新年钟声敲响的那一刻用这种浪漫的方式赢得女孩的芳心。张某公开示爱的大胆举动立即在校园内引起了轰动，引来了上百位学生围观，好多人还帮他敲盆子、吹口哨加油助威，更有人帮他呐喊让那个女孩快出来。但张某的一片良苦用心并未打动美人的芳心，直到凌晨新年到来的时候，这位漂亮女生仍未出现，而此时张某已经在 -2℃的冬夜里冻得瑟瑟发抖。

有很多男生和张某一样，为了赢得心上人的芳心，喜欢在情人节、七夕节、新年等特殊的日子做些夸张浪漫的事，这并非一定不可取。前提是要了解女孩的性格、喜好特点，不可盲目地过于追求浪漫。现在的女生也不是那么幼稚，还是喜欢有能力和有责任心的男生。不是说在操场上摆摆蜡烛，送大把鲜花就能获得芳心，其实女生更喜欢男生从细节方面表达爱。

很多大学男生在大一时就被师兄教导说："女孩子都是腼腆的，羞涩的，需要去追。"至于如何追法，自然也是"卧谈会"上必不可少的话题了，相信这也是众多男孩十分关心的问题。因为时代、环境和人不同，表达爱意的方式也不同。我们仅从现在大学校园里的各种表达方式中，总结出一些需要注意的地方，为诸位男生提供一些参考和建议。

表白要注意时机，掌握好火候。比如，有些男孩才跟人家约过几次，就提出要建立"更进一步"的关系，这十有八九要坏事。本来人家肯单独出来跟你说话，这说明女孩对你不无好感。但是这种好感有时连她们自己都说不清，你却急于挑明，破坏了这种朦胧美，那就别怪人家敬而远之甚至退避三舍了。看看周围那些还没开始就夭折的爱情，许多都是由男孩没有掌握好火候而造成的。

被女孩拒绝了怎么办呢？有人说应该穷追猛打、坚持不懈，其实不然，除非你是一个什么也不在乎的人，否则你很难承受女孩的白眼和同伴们嘲弄的目光。倒不如偃旗息鼓、暂时撤退。在这期间冷静反思，理智分析，再通过侧面迂回的方式了解女孩的真实想法。如果她对你无意，倒不如默默地祝福她。即使实在割舍不下，要去找她，也应注意方式方法，千万别让她觉得讨厌你。

有时你喜欢的女孩会和你有些接触，比如聊聊天、一起学习等。你最好能以平常的心态看待这些事情，不要背上包袱、患得患失。例如，不要太在意她无意中说的话，有些男孩容易自作多情，源出于此。这时候很容易犯的错误，就是错把友情当爱情。但对每一次这样的机会都应引起足够的重视，例如初次谈话要注意掌握好分寸，最好不要涉及情爱范畴，不妨说说小时候的事，讨论一些专业学习或者业余爱好等。男生要学会不声不响地关心她，用你的诚实和善意对待她。只有这样你才能在一大帮围着她呱呱乱叫的男孩当中引起她的注意。记住，只有特别的你才会引起她特别的关注。

一个老是往女孩寝室跑的男孩是不会引起女孩太多的好感的。有些学生会干部借口工作而常往女生寝室跑，去了后就老赖在那不走，结果给人家带来了诸多不便，效果只会适得其反。几乎没有一个女孩会对那些不尊重女性的男孩有好感，切记！切记！

有个男孩好不容易请他倾慕已久的女孩去吃饭，花了半个月生活费。后来他去付账时发现女孩已经替他付了，他就要还她钱，女孩不愿意。他觉得女孩驳了他的面子，大为恼火。女孩气得哭了，本来女孩替他付账说明她对他有好感，他不思讨好反而发脾气，如此就难怪他要打光棍了。

有很多男生觉得花钱请女孩吃饭有面子，而且想当然地认为恋爱中打牙祭、郊游、看电影等所产生的费用支出都应该由男生支付。但这要具体情况具体分析，不能一概而论。恋爱中应该有更多思想和情感上的碰撞，而不是单纯的物质享受。那么在向女孩子表达爱意时，也要量力而为，尊重彼此的差异，平等相待，更不可因恋爱支出过多而增加家庭负担。

几乎每个女孩都有一两个最知心的女友，你可以通过她们了解女孩到底对你有没有意思，还可以通过她们传达你的意思。在刚开始彼此态度还不是很明朗的时候，这比你直接说要好得多。

当然，我们在这里并不想给大家支招，因为爱情从来都没有固定的公式。别人成功的方法也许正是你的败招；别人失败的方法也许恰是你的妙招。最后要提醒大家的是，上述只是一些原则和经验，切不可生搬硬套。女孩要是不喜欢你，就是“玉皇大帝”也没有办法。

小萱说自己最近暗恋上了同班一个高大帅气的男孩，喜欢偷偷地看他，经常莫名的脸红，特别在乎关于他的事情。跟好友在一起的时候，也总是有意无意地提起他。她找个理由把男孩加为QQ好友，每天晚上等待头像亮起。小萱一遍一遍地去浏览他的QQ空间，每一篇日志都会留言，而且会一遍一遍地看，希望能看出点蛛丝马迹。对于他的每一个举动，小萱都会思考老半天，看是不是在暗示着什么。这样过了很久，小萱发现自己爱上他了，心里抑制不住表白的冲动，但又担心女孩子太主动了不太好，担心被拒绝，不知道该怎么办。

也许在很多人的眼中，男生追求女生才是合乎情理的。其实，如果怀有平等之心，那么就不会囿于谁先追求谁。不可否认，女性的矜持是一种美，但是勇敢同样也是一种不可多得的美。只要心中有了爱，就要创造条件大胆地表达，这才是智慧女孩的做法。

爱怕沉默。太多的人，以为爱到深处是无言。其实，爱是很难描述的一种情感，需要详尽表达和传递。爱需要表达，表达是一种勇敢和智慧的表现，将感情埋得太深反而会让我们失去了得到爱的机会。假如你是小萱，可以多找机会跟他聊天，然后聊天时给他暗示，比如你是单身，或者你想找人陪你吃什么东西，或者很想去哪个公园逛逛，再或者让他帮你修电脑，或者请教问题之类，总之先要拉近距离。第二步进入约会阶段，如果这次他请你吃饭了，你可以以回请他为由再约他出来。吃饭时当然委婉地试探一下他的想法，他要是对你有意思就会主动搭茬了，没意思的话听到邀请的暗示也会装傻的。在几轮这样的约会结束后，他喜不喜欢你你心里大概也有谱了，要不要表白就看你了。如果还是想要表白的话，这个时候可以直接跟他说，例如，寻找合适的机会当面询问："我觉得你挺好的，你觉得我怎么样？""你觉得我们合不合适？要不要交往看看"诸如此类的。当然这需要很大的勇气，但这要比漫无目的的等待更有意义。勇敢地尝试一下吧，如果他真的爱你，你要继续向前走；如果他不爱你，你要学会放弃！

无论是什么类型的男生，在感情上都必定有他们的特点。如果你是一个足够勇敢的女生，在了解你所喜欢的男生是什么类型之后，就要针对他的性格特点，在保持女性朦胧美的基础上，用女性

同学，这里是自习室
拜托你俩自重点！

特有的方式向对方表达好感，追求真爱。

如果你喜欢上活跃外向型的男生，要跟他打破隔膜，可从圈子活动入手。可借着不同的朋友聚会认识他，多聊几次，逐渐熟悉起来，先做普通朋友。你还可以直接约他吃晚饭，只要你肯开口，就算不成功，他的回应也会顾及你的感受。

如果你喜欢上思想传统型的男生，最好不要随便开口表白，尽量多用一些暗示的方法。最佳方法是表现出自己有内涵的一面，让他对你刮目相看。在微博或网络空间里，抒写你看文学、哲学书的读后感等，令他感受到你内在美的一面。过年过节，可以做些小手工艺品、手工织的围巾之类，再跟他说："我会送给每个好朋友，但你的特别大份。"另一个含蓄的暗示方法，可以用短信。适当时候给他短信，嘘寒问暖一番，用字不需刻意营造暧昧，就像跟普通朋友交谈一样，让他感到你在关心他，而这种关心却是没有压力的。

如果你喜欢上大男人型的男生，可以多打听他喜欢什么装扮，喜欢怎样的女生，平时喜欢做什么，继而扮演他心目中的女神角色。在日常相处中，他希望做个领导者，你就干脆装作什么也不懂地让他引领你。利用各种机会表现你温柔的一面。通电话时，不妨放轻你的声线，对他撒娇；外出约会，过马路时，务必走在他的身后，或可以试探性地轻拉他的手臂，看他的反应。

当然，女孩追男孩时也要注意分寸，千万不能太着急，不然男孩反而会讨厌你的。有些男生感觉女生追他时会对这个女孩不在意。女孩不要太主动，要先了解男孩子喜欢什么样的女生，然后再确定怎么去做，但是也不要完全改掉自己的本性，失去自我。你要做到有爱心、可爱，做什么事情都能够积极主动，和大家打成一片。可以适当地在他的面前多出现几次，若即若离，也要主动地关心他，帮助他，让他去感动，让他感觉你对他很好，这样才能引起他的注意。等他对你有一定好感的时候，你再慢慢地和他接近，自然也成了他追你了。

温馨提示

矜持是一种美，勇敢也是一种美，犹豫不决只会错失良机。爱的表达也要讲究方式方法，不可一味盲从，鲁莽行事。在爱的过程中要学会保护自己。

3. 如果来生有缘，再将手儿牵

——学会拒绝爱

恋爱不是慈善事业，所以不能慷慨施舍。

——萧伯纳

小玫在参加社团活动的时候，认识了男生阿文。她感觉到阿文喜欢他，似乎想追她。但小玫不想太早涉足感情，况且对阿文也没感觉，只是很喜欢他对自己哥哥般的关心。可是阿文却很认真，暗恋小玫很久了，好像陷得很深。小玫多次跟阿文说，他们只可以做兄妹，但是阿文不愿意。小玫不想让他们之间的关系搞僵，免得以后见面彼此都尴尬。面对执着的阿文，小玫觉得与其长痛不如短痛，坚持要说清楚。她找了个时间和阿文好好谈了谈，直接对他说“我不喜欢你”。阿文很伤心，但依然坚持说要一直等下去，直到小玫接受他的爱。小玫看到阿文因为喜欢她而伤心痛苦，心里突然莫名有一种愧疚感，只能选择逃避。

可以看出，小玫是个善良的女孩，不忍心伤害阿文，但其实她已经在无形之中伤害了他。她的内心很矛盾，一方面喜欢阿文哥哥般的关心和照顾，但又不准备继续发展这种关系，希望维持在目前状态。对于小玫所认为的“兄妹关系”，可能会让阿文从另外的角度理解。小玫在拒绝阿文时，提供的信息并不明确，有种模棱两可的意味，可能会让对方产生误解。因此，对于小玫来说，如果要下定决心拒绝阿文，那么最好不要做兄妹。因为从他们目前的心理素质或心理能力来看，还不足以恰当地处理好这种关系，继续做兄妹会让他们两人陷入纠缠不清的无尽痛苦中。

爱需要勇敢地表达，但是如果你一点都不喜欢向你表达爱的那个人，你又该怎么做呢？培养拒绝爱的能力，对于遭遇情感困惑的青年大学生来讲拒绝爱也是一种非常重要的能力。拒绝爱意，看似无情却有情！拖泥带水，看似有情却无情！

如果每一个人都能够心想事成，那么人生将会少去多少忧愁烦恼；如果每一份爱意都会被你的所爱坦然接受，那么人间该会少了多少恩怨情仇。遗憾的是“如果”只能存在于虚幻的世界，现实的状况就是：有一份执着的爱情摆在你的面前，而你却没有丝毫的心理准备；亦或是，爱你的人不是你爱的那种类型；或者说，你一时也很难说清楚爱还是不爱。那么，你该怎么做呢？

拒绝爱也是一种能力。不仅仅是对于爱情，对于亲情和友情也大都如此。不懂得拒绝让我们背负了太多的负荷，不懂得拒绝让我们的人生几乎被“责任”的重担压垮。不知道对父母说“不”，让我们从小迷失了自己；不懂得对朋友说“不”，让我们干了多少我们并不情愿做的事情；害怕伤害，不懂得对爱你的人说“不”，岂料，不及时拒绝，或者是不恰当的拒绝带来的却是更大的伤害。

小C的自述：入学报到的时候，我是一个人来的。师兄阿翼很热情地带我在陌生的校园里办理入学手续，还帮我整理东西，告诉我很多大学里需要注意的事情。在周末的时候，他经常带我逛逛周围的商店，或到附近玩玩。我感觉跟他很谈得来，在一起也很开心，但仅仅是好朋友的感觉。后来，我慢慢感觉师兄心里对我有一种超出了友情之外的情愫，有一次在春游踏青的时候，他向我表白了。我一时心里很乱，一直没有特别果断地拒绝他。到后面他是越陷越深，等我决定要坚决地做出决定的时候，已经有点迟了，带来很多的麻烦。

小 S 的自述：我自认为自己长得比较漂亮，也比较喜欢参加一些学校组织的活动，在学院里算得上是活跃分子。在校园里追求我的男生很多，但我一直没有中意的。对于自己不喜欢的追求者，我向来的办法都是躲，不想把这个事情放到桌面上摊开来说。我想这样一种回避的心理，对方就应该明白了。

无论是小 C 还是小 S 的做法，都不太妥当。他们不忍心去拒绝不喜欢的追求者，怕伤害对方。这恰恰是最大的误区。还有一些女孩子很容易犯这样一种错，就是我明明不喜欢你，但我享受被追逐的过程，我喜欢别人说有很多人追的那种感觉。当最后那个男孩发现这其实是一场空，你对他其实没那个意思的时候，对他的伤害可能会更大。所以如果你要避免对别人和自己造成伤害，比较明确而且尊重他的方式，就是清楚地告诉他“我们不合适”。躲更不是个好办法，很多男生都曾被师兄教导过，女孩子都是腼腆的，需要去追。所以很多男生坚信女孩子都是慢热型，只要持之以恒，坚持不懈，就可以感动对方。他们不知道女孩子躲他就是拒绝他。

所以，我们的建议是对于自己不愿或认为不值得接受的爱应该有勇气加以拒绝。拒绝时态度要坚决，表达信息要明确。既然不爱，就不要给他幻想，不要再优柔寡断，果断一些，这样对你对他都是负责任的态度。在不希望的爱情到来之时，要果断，勇敢地说“不”，因为爱情来不得半点勉强和将就。如果优柔寡断或者一味回避，只能给对方传递错误的信号，使对方越陷越深，使自己烦恼不安。如果屈服于对方的穷追不舍，发展下去对双方都是不利的。

小 L 的自述：记得上学期有个腼腆内向的男生追求我，可是我一点也不喜欢他。我就跟那个男生说，咱俩肯定不合适，你就死了这条心吧。但是过了两天，我又觉得这样是不是太直接了，很伤害他。

还有重要的一点，拒绝的方式要恰当，尽量委婉，把对对方的伤害降到最低程度。虽然每个人都有拒绝爱的权利，但是珍重每一份真挚的感情是对他人的尊重，也是对自己的尊重，同时也是一个人有良好教养和情操的表现。在拒绝爱的时候要感谢对方对自己的欣赏和感情，切忌方法简单轻率，言语粗恶，伤害对方的自尊心。要注意方式方法，真诚地与对方沟通，晓之以理、动之以情。可采取面谈或书信的方式. 也可请对方的知心朋友出面代为转告，切不可随意公开他人的求爱信，或是讽刺人家“癞蛤蟆想吃天鹅肉”、“恐龙无敌”等。这些都是不道德的行为。用充满关切、尊重和机智的方式维护自己也维护他人的尊严，这是心灵美的象征。

据《华商报》2011年2月16日报道：魏某，1989年11月生。高中时对同学小萍心生好感，即开始追求。2008年，小萍考入西安城南一所大学。2009年魏某考入天津某大学，而后继续追求在西安上学的小萍，遭小萍拒绝。2010年3月至6月，魏某多次从天津来西安找小萍。为摆脱魏的纠缠，小萍假称老乡杨某是她的男友，但魏并未罢休。2010年6月14日，魏再次来西安找小萍，小萍避而不见。6月16日，魏在朱雀市场购买一把刀具，他通过小萍同学打听到杨某电话后，给杨某打电话，要求三人见面商谈。当日下午1时30分，杨某与小萍来到魏某居住的招待所房间，交谈中，魏问小萍以后是否能与其保持联系，小萍表示不同意。魏某即要求与小萍单独谈话，遭到小萍、杨某二人反对。在小萍与杨某起身离开房间时，魏某从包中掏出刀具在杨某颈部、头部、腿部等处捅刺。小萍见状大声呼救，魏某抓住小萍头发持刀在她颈部、胳膊等处捅刺。闻讯赶来的招待所老板上前阻止，小萍趁机脱身。魏欲追小萍，被杨某拉住，二人厮打在一起。招待所老板奋力将刀夺下，并将魏某制服。警方到现场时，发现杨某已死亡。法院以故意杀人罪，判处魏某无期徒刑。

这起案件中，我们不仅为魏某感到惋惜，更为被害人感到痛心。三个风华正茂的大学生，三个对未来充满憧憬的年轻人，因为魏某的一时冲动而改变了命运。在这一场追逐中，因为自私狭隘，他向无辜的死者和自以为深爱的人举起了尖刀。年轻人追求美好的爱情无可厚非，但前提是要两厢情愿，应该用自己的能力、魅力、机智幽默来吸引对方，而不是采取极端的方法追求所谓的爱情。

作为魏某来讲，他不能接受被别人拒绝，这是一种心理失去控制的情感表现。青春期男女在相遇时容易被对方的容貌、才华、品德行为、经济社会条件等所吸引，于是自己有意单方面地点燃爱情之火。在对方毫不知情的情况下，单方面把自己的情感演化得很深，把对方的举止当作是对自己有意求爱的信号，一旦发现对方无此情，心理往往蒙受巨大的痛苦。长时间的单恋会因这种心理能量得不到宣泄就会转化为强烈的恨意，昼思夜想，影响健康，有的导致精神疾病，在冲动的情绪状态下可能做出一些出格甚至违法的举动。

因此如果向自己喜欢的人表白而遭到拒绝，要理性判断，客观评价对方和自己，熄灭自己点燃的情火。可以利用“酸葡萄效应”，寻找对方的缺点，摘掉对方头上的光环。同时客观评价自己，暗示自己：“我比对方有优势，她不一定是最好的”、“我虽然遭拒绝，并不证明我不行，是她没眼光，没有发现我的优点，我的勇气可嘉，肯定有更好的知己等着我”。提高自信心，相信自己有能力找到真爱。认识到爱与被爱双方都有选择的权力，努力忘掉自己编织的情网，不要穷追不舍。

对受害人小萍来说，如果她能够多一些社会经验，更好地运用一些拒绝爱的方法，也许就能避免悲剧的发生。比如可以向对方强调爱上自己不是对方的错，有时候也可以讲一些自己不为人知的缺点，通过自贬来化解矛盾，而不要去激怒对方。一旦发现对方情绪反常或者心理出现异常征兆，要有自我保护意识，必要的时候寻求老师和同学或者警方的帮助。

温馨提示

爱和不爱都要态度明确，切忌纠缠不清。

掌握拒绝的艺术，对欣赏自己的人心怀感恩。

合理化解矛盾，把对双方的伤害降到最低程度。

4. 男生来自火星，女生来自金星

——恋人相处法则

恋爱是一所学校，教我们重新做人。

——莫里哀

阿斌和女友阿玲一见钟情，阿斌高大帅气，阿玲漂亮可爱，很让同学羡慕。起初，他们感情很好，阿斌也特别疼爱女友，在生活和学习上可以说照顾得无微不至。但阿玲渐渐变得任性、刁蛮，很容易吃醋，常常因为一点小事就大吵大闹。相处一段时间以后，阿斌觉得和阿玲在一起太累了，就提出了分手，但女友不答应，整天缠着他闹。后来他在网上喜欢上了另一个女孩，还去见了面。没想到阿玲听说后，找到了学院领导，说他始乱终弃，还专门打电话到阿斌家里骚扰。最后，他们彻底分手了，阿斌还因此背了一个处分。

人们常说："相爱简单，相处太难。"很多大学生在校园里与浪漫的爱情不期而遇，但却不知道如何守护爱情。上述例子中，阿斌为了爱，付出了很大的代价，弄得自己身心俱疲。在他的眼里，爱就是宽容，这并没有错，但他在和阿玲相处的过程中却混淆了宽容和纵容。

开始恋人偶尔因为一点小事情就发脾气，一方出于爱另一方，一味迁就忍让，结果就是开始经常因为小事情发脾气，导致每天彼此在一起的时候基本看不见什么笑容。如果在一方发脾气的时候，对方能够先忍让，然后冷静下来互相交换意见，坦诚相待，彼此多从自身找原因，真诚地道个歉，“退一步海阔天空”，那么不但会很容易解决分歧，相信还会反过来增进彼此的感情。要知道恋爱不是以控制、占有和驯服为目的，相爱的双方首先要尊重对方的人格。宽容是对恋人的尊重，也是自身的一种修养，宽容有助于恋爱双方互相谅解、彼此珍惜、增进感情；而纵容则是对恋人的不当甚至错误行为不加制止，姑息放任，任其发展。纵容不是爱，长期的纵容只会使恋爱中的一方认为另一方的付出或迁就理所当然，从而变本加厉地向对方索取，最终也会使爱情走上一条不归路。在宽容和纵容之间要把握一个合适的尺度。爱不仅仅是享受，还要学会付出。爱一个人不仅要让他幸福，还要唤起他爱人的能力。

甜甜长得还算漂亮，在大学里谈了好几个男朋友。但不知为什么，每一个都不是令她很满意，不是这里不好就是那里不好。舍友们似乎对甜甜很有意见，觉得她是一个在感情上过于随便的人。甜甜说，其实自己并不是那种朝三暮四或者脚踩几只船的女孩，也很想找个合适的人好好相爱，“执子之手，与子偕老”。但不知道为什么，就是没法迁就。

表面上甜甜很挑剔恋人，实际上她是对自己很挑剔。一个具有完美主义倾向并在恋爱中体现自我的人往往在处理与恋人的关系时，倾向于要求对方和自己完全合拍、各方面都令自己满意。事实上，“金无足赤，人无完人”，每个人都是优点和缺点的矛盾统一体，世界上不存在十全十美的人。我们常常对自己的性格、长相、气质、做事方式等感到苦恼，对自己不满，那么又怎么能要求别人做到让我们十分顺心呢？

在双方磨合的过程中，恋人的有些习惯是可以改变的，这时你要积极鼓励他(她)，帮助对方改掉那些不良习惯。但也有一些东西或者缺点无法改变，这时你就不能过于追求完美，只要能认同、欣赏、接纳他的核心品质就可以了。所以，恋爱中的双方既要欣赏、发现对方的优点，也要接纳对方的不足，而不是一味地吹毛求疵，揪住不放。

我们经常听到恋爱中的人说："你爱我就应该爱我的一切，你就应该接受我的一切。"还有一句话是："既然爱对方就会为对方改变一切。"好像爱可以让人改变一切，因为爱的力量是非常巨大的。就这两种观念而言，你觉得合适吗？

这是两个理想的境界。听起来好像爱对方就要为对方牺牲一样，牺牲什么？就是我不喜欢接纳也要接纳。再一个是：我这个问题不能改，但我要改，好像有点献身的味道。但背后是什么？是主动的，还是被动的？这是带理想色彩的，你喜欢一个人，就要喜欢他所有的一切。不可能的，为什么说不可能？一是当这个人处于特别热恋的时候能接纳对方的缺点，以后过了热恋期，也许就不能容忍了，这是不可能的第一个原因。第二个原因是按人的本性来讲，所有的东西都能喜欢，这是非常极端的。人们常说你应该喜欢对方所有的一切。而应该后面是什么词呢？我"可能"不喜欢，但是因为我喜欢你，所以这些我也就接纳了，接纳不等于我喜欢。再谈为爱改变。很可能真是发自内心愿意改，但你不能把这作为一个准则，要求相爱的人去改变。甚至有的人说虽然我不能容忍他的缺点，但我为什么爱他呢？就是我有一个或说是理想，或说是决定或目标：我觉得我能改变他，希望把他塑造成我想象中的人。那这真的是大错特错了。

恋爱其实是彼此的一种协调和融合，在这当中通过相互作用，彼此都在发生改变，而不是你刻意去改变一个人。关键在于不能拿改变对方当一个目标，否则可能会陷入到更深的矛盾当中。实际上你会发现恋爱当中的交往是一种特别的人际关系。因为走得比较近，接触比较多，因为爱，想得也比较多，人们可以通过这种相互作用而改变或调整自己。如果我们说我为了对方去改变，那就变成了在外面我还是活泼开朗，但回到家里我就变个样，你这个人就不真实了。你自己生活不真实的时候，你会痛苦的，而对方也能看出来。理想状态是，恋爱当中要比较自然，你不用刻意去怎样，但你为了对方可能要做一些调整。所谓协调就是恋爱中的关系跟现实生活是比较一致的，你原本的自我跟现在的自我是一致的。这样才不会出现那种在开始什么都接纳和容忍了，等到一定的时候原形毕露的状况。

经常有男生搞不明白为什么女孩子都特别爱生气，女友一掉眼泪便不知所措，不由得感叹："我爱的好苦好累，女生都是外星人，女孩的心事我永远不懂。"女生往往抱怨男友不解风情，让对方一个劲地猜测。现实中常常有这样一种情况："一对恋人彼此对对方存在好感，彼此有对方欣赏的一面，对对方的冷热饥渴都很关心，偶尔有些事情上也能为对方考虑，但是就是缺乏沟通，彼此对对方的思维方式、为人处事习惯，甚至什么时候会高兴什么时候会不高兴全然不知，完全处于想当然的一种状态。"这种情形长此以往，轻则一方长时间不能真正了解另外一方；重则形成沟通障碍，出现一方的言语越来越少，只是做简单的机械似的回答"对，对"、"是，是"，直到最后什么都不想说的一种场面。是不是有些可悲？

恋人之间有效、良好的沟通，有利于增进默契和了解，免除不必要的误会。试想一下，两个在不同的家庭关系、教育背景甚至风土人情迥异的环境下成长起来的青年男女，不沟通哪来的彼此了解？不了解又怎么能形成默契？

就拿日常生活中彼此倾诉或者分享快乐和烦恼来讲，如果一方想说，对方不让说，或是心不在焉地听，或是不以为然地听，或是对方刚开口就一顿泼冷水，用讽刺、不耐烦的口气对待对方，这都是对对方的一种沟通上的不尊重。时常关心对方、理解对方固然是个好事情，但是这替代不了沟通！

恋爱时还要处理好爱情与亲情、友情的关系。爱情不是两个人的事，它会牵扯到父母、亲人、朋友，因此你不可能只与恋人之间牵一条红线，还要处理好双方相连的很多方方面面的关系。当你们的爱情受到双方家庭的阻拦时，应该以理性的态度对待，心平气和地与父母和亲人沟通，妥善解决分歧，相信父母和亲人会理解你们，避免为了爱情伤害亲情。恋爱中不能忽视友情，朋友会在你爱的路上给予帮助与扶持，这不仅有助于较好地处理恋爱关系，也有助于巩固和增进感情。不论关系多亲密的恋人，都需要一个自己的空间，让彼此能够呼吸一下不同的空气。她和朋友出去逛街、购物，你不要问她为什么陪朋友不陪自己；他和同学朋友聚会不要问他为什么有时候不带自己去，也许他认为这些朋友与你不是一个圈子里的人，或者是没有什么共同语言，交流的时候会比较尴尬。两个人再多的话题，天天在一起也会讲完的。但是如果你偶尔和你自己的朋友在一起，“呼吸到了不同的空气”，得到了新的话题，你们再在一起的时候不就有更多的话题了吗？

考上大学后，小耿和在异地的高中同学小雷恋爱了，彼此相隔很远。他们彼此鼓励，互相牵挂，感觉很幸福。幸福之余，小耿隐隐担忧优秀的男友身边总有美女围绕，对她是不是忠诚。半年后，她让好友发短信试探了一下男友，小雷只是礼貌性地回了一个短信就没音信了。小耿还不放心，又借用几个朋友的手机发了一些暧昧的短信试探他，小雷还是不为所动。后来，男友知道了这件事，跟她大吵一架，冷战了很长时间。后来他们虽然和好了，但小耿感觉他们的感情再也回不到从前了，男友变得不再主动了。她觉得很伤心，很后悔自己当初的做法。

对于异地恋，小耿有一些担忧，完全可以理解。但真正的爱情应该能够经得起时间和空间的考验。恋人之间的距离更多的不是空间上的距离，而是心理上的距离。爱不是用来考验的，而是需要用心体验的，这不是因为爱情太脆弱，而是由于爱情太需要我们用信任来呵护。对于相隔两地的恋人来说，如果双方能够互相信任，即便是时间和空间会使双方产生一些误会和矛盾，如果能够本着认真负责的态度，相互理解，相互包容，学习建设性地来解决这些误

理工杯具

小时候，俺爹就教育俺说：“儿子，
现在中国的男女比例是106：100”

“不好好读书，将来找不到媳妇，你就是那个6”

两小无猜……
欢声笑语……
谁让人家发型好看！
流氓！

十二年寒窗苦读，好不容易考上了这重点理工科大学，发现学校男女比例7：1，我还是那个6！

画圈圈诅咒你
呀？！人家发型更帅了
禽兽！

会和冲突的方法，彼此都愿意敞开心扉，也没有什么修复不了的创伤；如果双方缺乏信任，互相猜忌，互相怨恨，这种处理冲突的方式是破坏性的，对异地恋的发展极为不利。此外，更重要的是对恋情做一个长远规划，彼此有共同的奋斗目标。双方把目光放在共同目标和期望上，互相支撑，互相勉励，共同奋斗，生活中的误会和猜疑也会少很多。

此外，双方确定恋爱关系后，要妥善处理与异性朋友的关系。要把握好交往的分寸，不可以“脚踏两只船”，否则会被“船来踏你”，结局不可能美好。对于对你有好感或不怀好意的异性朋友，要主动疏远，以理智来处理感情纠葛。

温馨提示

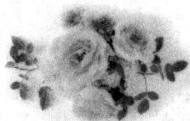

爱是接受对方，而不是改变对方。
恋爱是学习和另外一个人建立亲密关系的过程。
恋爱是自我认识与成长的过程。

5. 给我一杯忘情水

——分手也精彩

当爱情的浪涛被推翻以后，我们应该友好地分手，说一声再见。再见时，我们还是朋友。

——莎士比亚

据《兰州晨报》报道：霞(化名)是一名英语专业的大三学生，由于天生丽质、性格活泼，在校园里颇受男生的关注。对霞暗恋已久的斌(化名)向霞表白了，霞与这位同校工商管理系的帅哥相处了一段时间后深深地爱上了斌，两人很快投入爱河并经常出双入对地出现在校园的林荫小道和公共场所，斌更是引起了同校其他男生羡慕的目光。然而随着时间的推移，斌渐渐发现他与霞并不合适，他认为霞并不是他心目中理想的女友。圣诞节狂欢夜的那天，斌喝了许多酒后终于鼓足勇气向霞提出分手。平时清高的霞落泪了，她狠狠地扇了斌一记耳光后，躲进一间酒吧伤心地放声大哭，她喝了许多酒，感觉眼前的一切都是虚的，并萌生了报复男友的念头。元旦过后，学校进入了紧张的考试阶段，可是霞却没有心思看书。她花钱找了三名青年在街上将斌一顿暴打，暴打之后又强迫男友写下一千元的欠条，作为精神损失费。斌无耐只好将此事告诉了学校，霞为此受到了学校相应的处分。

这种因失恋而报复的事件在现在的大学生恋人中时有发生，有男生因失恋用硫酸致女友毁容的，还有男友因失恋报复令女友遭到绑架的，诸如此类。为什么会发生如此多恋人间的报复行为，是现在的大学生对爱情看得过于重要，还是他们忽视了生命本身的意义呢？

一个失恋的女孩自杀了。她曾经说：连最爱我的人都抛弃了我，这个世界还有什么是真实的呢？既然没有什么是真实和可靠的，那活着还有什么意义呢？——由此可见，人们还是想在这个纷繁复杂的世界中抓住一点真实和可靠的，但又错把爱当做最真实的东西，真是莫大的悲哀！

爱情，是一朵带刺的玫瑰，美丽的背后也隐藏着或多或少的伤害。恋爱是一个双方培育爱情的过程。恋爱能否培育出爱情的果实，受多种因素的影响。例如，双方是否志趣相投，父母是否满意，毕业后能否在一起等，都可能影响恋爱结果。恋爱双方经过一段时间的相处之后，终止恋爱关系，即出现失恋是十分正常的现象。失恋无疑会给当事人带来感情上的痛苦和打击。但由于人们的道德水平和心理素质不一样，失恋后的人就有不同的表现方式，有的人会用理智控制自己的情感，很快就把精力转移到工作和学习中去；有的人失恋后会痛不欲生，情绪低落，对世界上所有的人与事都失去了兴趣；有的人，当一方终止恋爱关系后，就对对方百般纠缠，试图再续前缘，给自己和他人都造成了痛苦；还有一种人，转爱为恨、不是爱人就是仇人，甚至会发生人身伤害等报复行为。

小勇，20岁，某大学三年级学生，因失恋感到非常痛苦。他自述：我与女朋友是同班同学，一年前我们相恋，但不久前女友提出分手，中断了恋爱关系，这对我来说是一个沉重的打击。多日来，我借酒消愁，情绪抑郁，心烦意乱，无思学业，对新生活的所有期待与憧憬也在顷刻之间化为乌有。这是我的第一次恋爱，而且是女友主动追求自己。相恋后，感情曾经一直很稳定，但因个性不合，观点分歧，又因几件小事而发生几次争吵。这使女友感到越来越烦，对我失去耐心。最后因第三者插足导致女友移情别恋，抛弃了我。我无论如何也忘不了她，很想去挽回恋人的心，每次想起两个人曾经在一起的美好时光就泪流满面。失恋的痛苦就像恶魔一样，无情地折磨着我的心。后来当我知道恋人已无法挽回时，渐渐地对她产生了怨恨，两人此后见面都不打招呼也不说话，而且他还经常在宿舍痛骂她。

大学生在思想上已趋于独立，对待爱情更是有自己独到的见解。如果大学生能理智地对待爱情，就能较好地处理爱情与学习、生活等各个方面的关系。但是，就像小勇一样，很多人往往因为是第一次恋爱，没有“感情免疫力”，一旦失恋就一蹶不振，甚至出现轻生等愚蠢举动。

每个人都有可能失恋，不管是年轻人，还是中年人，甚至是老年人谈恋爱也会如此。两个原本陌生的人，彼此间有好感，但彼此的依赖、好感或者是爱也会变化。当爱不存在时，两个人之间就成了最熟悉的陌生人。心理脆弱的人会觉得天都塌下来了，世界不存在了，自己付出得太多，得不到回报一类的。其实他们错在把爱情看得过于重要，人的一生中还有很多美好的感情，亲情、友情一样可以让人快乐地生活。

失恋，既是人生中一次刻骨铭心的挫折，也是考验一个人意志和人格的一次机会。对原本不属于自己的一份爱，也不必去强求。失去了，伤心是难免的，毕竟为此付出过。但失恋后我们应该积极地进行心理调适，尽快从失恋的阴影中走出来开始新的生活，寻找那个真正适合自己的人。“天涯何处无芳草”，只有找到属于自己的真爱，才会在以后的生活中获得幸福。

许多悲剧故事的发生就是因为恋爱双方没有掌握好终止爱的分寸。提出分手时要给对方准备信号，不要太突兀；要顾及对方的尊严和感受，最好在公开的场合进行沟通，免得对方情绪过于激动；不要因害怕伤害对方就拖泥带水。

遭遇感情挫折时，要冷静理智地分析失恋的原因，客观评价自我，把失恋作为完善自我的新起点。大学生失恋的原因通常有以下几个方面：一是家庭的压力。尽管大学生恋爱自主水平较高，但是家庭和社会舆论对他们恋爱的选择起着重要作用。父母常常要根据自己的意愿对子女的恋爱进行肯定或否定。在遭到一方父母否定后，如果恋爱双方缺乏信心和勇气，迫于父母的威严，只得痛苦分手。二是社会的压力。例如，一个来自城市的女生和一个来自农村男生恋爱、一个长相漂亮的女生和一个各方面都非常普通的男生恋爱，人们都会认为不般配，这个时候各种世俗的眼光就会给恋爱双方造成巨大的压力，如果不能承受住这种压力，就可能以分手为结局。三是对方见异思迁，移情别恋。由于对方缺乏应有的恋爱道德，不尊重自己的情感；或者对方并非真正把自己作为“心上人”，因此，当发现有更符合自己的恋爱对象时，便主动地终止已有的恋爱，而把自己的爱转移到其他对象身上。四是双方在交往中彼此的思想、个性、情感存在分歧。五是自身的缺点。如有的大学生由于脾气不好，在恋爱初期还能有所收敛，随着双方关系的发展，以为对方已经可以接受自己的一切，这时便表露出自己的真实脾气，结果使对方根本无法接受而造成分手。六是初恋的盲目性或恋爱动机不纯。例如，有的学生的恋爱动机就是为了消除寂寞，为了证明自己的价值，他们并非真心恋爱，一旦自己的目的达到便终止恋爱关系。

可以看出，大学生失恋的原因是多方面的，既有自身的因素，也有其他方面因素。失恋并非是自己无法被对方所接受，更非是自己就无法被所有异性接受。对此，必须要有清醒的认识。如果是对方的原因和错误，或者是自己无法改变和主导的客观原因，要避免无端的自责和懊悔。如果是你的缺点使对方难以容忍，这时应该及时反省，努力提升自己，完善自己。相信通过努力，终有一天会获得更完美的爱情。

小 A，相貌不出众，性格内向，可看到身边的同学都有了男朋友，她对自己越来越不自信。于是，急于寻找一份感情。结果在多次恋爱中她接连遭遇“失恋”。渐渐地，小 A 的性格变得十分怪异，总觉得寝室的同学都瞧不起她。为了逃避，最后，她选择了搬出寝室。

小 A 恋爱的出发点从开始就带有跟别人攀比的虚荣心理成分，在多次失恋之后她更加不自信。要知道，每一个未婚青年都有追求爱情的权力，也有接受爱情和拒绝爱情的权力。如果对方不接受自己，不适合自己，分手本身就是幸运。爱情不是人生最后和唯一的追求，人生应当有更高的追求(理想、前途、事业，对国家、对社会的责任和义务等)。

不能因为一次失恋就完全否定自己。我们应该失恋不失志，找回爱自己的力量，增进自信。因为一次失恋就断定自己不讨人喜欢，对异性没有吸引力，是没有自信的表现。一生可能成为自己爱人的远非一人，而是有上千人之多，失恋一次就多一次选择。“塞翁失马，焉知非福”，有失才能有得，告别错的才能和对的相逢。在以后的人生道路上，还有很多选择的机会，固守着一份没有结果的爱情最终会与真正的幸福失之交臂。放弃是痛苦的，但痛苦是暂时的。要尊重生命的不完美，勇于自我修正，以正向思考、心存感激、超越往昔的自己，迈向更平衡成熟的两性关系和更健康的人生哲学。《钢铁是怎样炼成的》的作者奥斯特洛夫斯基说：“个人问题，恋爱问题，在我的思想里占的地位很小……即使失恋一百次，我也不会自杀的。”失恋再失生命，是对生命的亵渎，留给亲人和朋友的是无尽的痛苦和悲伤。

失恋者常以受害者自居，有些人成了受害上瘾者，自艾自怜，开口闭口都是别人负她。因此，大学生失恋后要勇敢地跨出受害者角色，重建认知，要认识到失恋并非失败。恋爱在于两情相悦，回顾恋爱中的点滴，彼此都是成人，各自有该负的责任。变调是双方的互动结果，双方都有责任学习和平分手，甚至快乐分手，过程虽痛，仍可双赢。分手除了充满焦虑、痛苦、害怕、悔恨、不舍，它也可以是坦然、有准备、感恩和彼此祝福的。最重要的是，看到更独立的自己。分手虽痛苦，却是一个可以自主、再学习的过程。如果能合理调适，从而战胜失恋的打击，会让自己提高抗挫折能力，收获心灵的成长。

失恋后要保持冷静和理性的沟通，以表达代替爆发，失恋不失德。否则一旦陷入非理性思考和冲动，或失去自我控制，心存挑衅，用攻击暴力采取报复行动，很容易铸成大错，后悔莫及。预防不当的情绪爆发，可借助三种表达方式：一是道歉，昨日之非不要回避，坦然致歉，也原谅自己的无心；二是道谢，记得对方的好、付出，妥善收藏甜蜜的回忆，把感恩作为青春岁月的注脚；三是道别，有些大学生恋人分手时一方避不见面，或避重就轻，无法善别将留下疑云重重，好好道别则可帮助双方负责地为关系画上句号。

此外，失恋后还应积极放松，学会自嘲和自我调侃，用一种轻松的态度，寻求其他人生乐趣，如同学聚会、运动、听音乐、社团、旅行等，积极寻求社会支持，找知心朋友倾吐心声，或向心理咨询机构求助宣泄负面情绪，进行心理减压，必要时运用药物辅助治疗。

鲁迅先生有一段话："不能只为爱，盲目的爱，而将别的人生要义全盘疏忽了。"俗话讲："强扭的瓜不甜。"只有心心相印，爱情才能长久。失恋的痛苦犹如一杯难咽的苦酒，但是，阳光依然明亮、生活依旧美好，有得有失才构成了完整的人生。失恋是让你更成熟、更独立的一段插曲，你终会回到生命的基调中，继续完成属于自己的乐章。

温馨提示

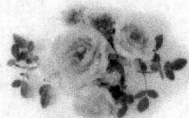

真正爱一个人，该为对方而好好活着：如果你爱我，我会因为拥有你的爱而幸福；如果你不爱我，我该努力让自己幸福，换你安心。

如果你的泪水换不回你的爱情，请收回你的哀求，失去爱情的时候，不要把人格也输了。

舍得、舍得，有舍才有得，舍得错的，才能拥有对的，不要执着紧握手心那不属于你的花朵，只有空出了手，你才能重新采摘属于你的美丽。

6. 爱的困惑

——我该将亲密关系进行到何种程度

通过肉体的结合来寻找爱情是愚蠢的幻想。

——泰戈尔

小雯和阿强认识有两个月了，两人相处得挺开心。现在，他把小雯当成了女朋友，但小雯却不敢接受。在此之前，她从没有过男朋友，并不知道两人应该怎样相处。他们在一起的时候，阿强总想握小雯的手、抚摸她的头发，甚至一次从身后抱住她，要吻她。对此，小雯很困惑，因为他们之间的关系还没有亲密到这一程度，她觉得不该有这些动作。但在内心里却由于在此之前与男孩子从没有过这么近的接触，对异性之间的亲密接触怀有一种渴望。她开始怀疑自己的心理是否正常，又怀疑阿强喜欢的不是自己，而是她的身体。

小雯是个思想上比较传统的女孩，她困惑于恋爱初期的亲密接触是否合适。与小雯一样，在大学里第一次邂逅爱情的女生往往对恋人之间的亲密接触不知所措，带来很多烦恼。在和一个异性不设防的交往过程中，随着双方感情的升温，大学生恋人之间最亲密的距离又该是多近呢？

这确实是一个很难有标准答案的问题。从生理上讲，大学生所处的年龄正在性成熟期，因此性的需求和性冲动在这个时期频繁发作。食堂里黏在一起的学生情侣互相喂饭、自习室里情侣们卿卿我我的镜头，往往会对新生形成示范效应。在恋爱中，一些同学缺乏自尊、自爱与自律，抛开了应有的矜持与含蓄，表现得越发投入与大胆。在教学楼、食堂、公寓门口、校内景点、操场等公众场合旁若无人地过度亲密，行为不检，表现恶劣，令人生厌，同时也在师生中产生了严重的不良影响，与当代大学生应有的素质有较大出入。

因此，我们在恋爱时应该把握好一定的尺度，树立正确的恋爱观和道德观，互相尊重，互相负责任，在保护好自己的同时，也学会保护好对方。恋爱中的双方一定要把握和克制自己的情感，如果任凭随心所欲，就会玷污纯洁的爱情，有失做人的尊严。另外，恋爱中的情侣，在情感交流的时候，也要注意场合、掌握分寸，不可在大庭广众之下有过分亲昵的举动。

随着情爱关系的发展，恋人间必然会有不同程度的身体乃至性接触。由情爱向性爱的过渡和发展是十分自然的事情。问题的关键是，在恋爱过程中，性接触既不可回避，又不可轻率。

大三男生大龙的自述：我以前谈过两次恋爱。最近一个月，我认识了一个女孩，很快就爱上了她，并把她当成了自己的女朋友。我们的关系很暧昧，我们闪电般地牵手，闪电般地拥抱，闪电般地接吻，又闪电般地发生了性关系。我以为我们已经是真正的恋人，所以无私地投入了自己的爱。可是后来，她却跟我说她不想多一个男朋友，我们之间做朋友挺好的。我伤心极了，现在心里放不下她，总是想起她。可她又不给我机会，怎么办啊？

大龙曾经以为找到了自己的真爱，可短暂的甜蜜却如同昙花一现。其实，就算他们很快地拥抱、接吻、发生关系，也说明不了什么问题。因为性永远都不会成为爱的全部，也不会成为爱的承诺。

对于大龙来说，现在要做的是冷静下来，理清自己的需求，搞明白他们在一起是出于情感的需要还是生理的需要？也许是受到了过去的感情经历的影响，使他忽略了恋爱初期美好的朦胧感和羞涩感，直接进入了性的接触。一个月的时间对于终身伴侣来说太短了，感情是需要慢慢培养的，而不是一朝一夕就可以建立起来的，没有经过施肥和灌溉的过程就想采摘果实是不现实的，也是难以持久的。另外，对于性，我们要持一种严肃认真的态度，因为性承载的是一份尊重和责任，而不是一时的激情和冲动。过多地沉溺于身体上的接触而忽略了情感上的交流只会使爱情之花过早地凋谢！

小华和男友是高中同学，彼此已经相恋了四年。在这四年里，小华把自己的全部都给了男友，曾为他怀孕、流产两次。她早已把男友当做生命的一部分，以为四年的感情足以让他们幸福地走进婚姻的殿堂。可是，临近毕业时，男友却爱上了别的女孩，跟她分手了。令小华感到痛苦的不仅仅是身体上的伤痛，更令她感到悲痛的是，她发现自己已经不再会爱了！

一个人只有学会爱自己，才会爱别人，也才能被别人爱。恋爱中两人青春年少，彼此相处时往往情难自禁，但是轻率的性行为会对女生造成生理和心理方面的负面影响。在小华和男友的关系中，实际上是小华主动出让了自我，认为既然为他付出了那么多，那么他就应该为她负责，实际上并非如此。不管是男孩还是女孩，对自己的身体都负有一份责任。世界上容易得到的东西往往不被珍惜。小华毫无保留地把一切都交付给男友，她对自己身体的态度也会投射给她的男友，并呈现在她们的关系中。

恋爱中的大学生情侣要明白，爱情是男女双方彼此强烈的、持久专一的渴望与对方长相思守的一种感情，因此决不能把一时的性冲动错当成爱情的来临。爱情需要经得起时间的检验，甚至是一生一世的考验！如果仅仅把性的需求作为爱情来临的信号，这是非常危险的。

我国《婚姻法》规定，男女双方只有在领取结婚证书并正式结婚，才能结为夫妇并享有合法的性生活。如果不结婚就发生性关系，这在道德上是不允许的。爱情不仅是人的本能的感情冲动，而且是受理智支配的高尚的精神活动。爱情中的理智，是在正确认识爱情本质的基础上，依据一定的伦理道德来把握自己的行动，用理智来驾驭自己的感情，不发生越轨行为。如果因为一时的性冲动便发生了性关系，其结果可能会给彼此双方带来伤害，还有一种可能会造成把性和爱割裂开来的危险，随意的性关系会带来对爱情的不信任，这一种伤害有可能会持续一生！

某高校计算机专业的一名女生小敏和男友相处有两年了，他们彼此深深地相爱，也得到了双方家庭的认可。有一次，男友激情难耐，对她说："爱我就给我。"她对男友的这个要求感到恐惧而疑惑：他提出这样的要求正常吗？小敏是个保守的女孩，每次男友提出发生关系的要求，她都极力拒绝，有时还为此吵架，而每次看到男友很难过，她又会于心不忍。小敏很困惑，不知道该怎么办，隐隐担心男友会不会因为自己的拒绝而移情别恋。

其实不少女生都有类似的困惑，这就需要我们正确看待恋爱中的性冲动。不能因为这个问题就认为男孩子不好，男友并没有强迫小敏，证明他还是很尊重她的。小敏的男友对她提出这样的要求是一种正常的行为，面对一个他心仪已久的女孩，如果无动于衷只能证明他可能存在生理缺陷。小敏善于保护自己，在心理上还不能接受和男友过早发生性关系，那么比较好的做法就是跟男友表明自己的态度，开诚布公地说清楚，同时在行动上要采取有效的方法释放或转移青春的激情，避免轻易地发生性行为。牢牢记住学生的主要任务是学习和锻炼自己的能力，多在一块共同学习，一块参加一些有益于身心的事情，避免一味沉醉于二人世界的风花雪月，给自己的大学生活留下深深的遗憾。

马克思在给未来女婿拉法格的信中说过："在我看来，真正的爱情是表现在恋人对他的偶像采取含蓄、谦恭，甚至羞涩的态度，而绝不是表现在随意流露热情和过早的亲昵。"贞操，是对自己和他人负责和自重的表现。男女之间在感情上的交流通常是渐进的，由最初的互相欣赏，发展到手拉手、亲吻、拥抱、爱抚乃至最后发生性关系。可是作为男女朋友必须了解的是，由于两性对性欲欲望层度的不同，常常会出现令人难以预料的结果。许多女孩子可以在两性亲密关系中，如亲吻、抚摸、身体接触中得到快乐与满足，她们多喜欢这种程度的亲密关系，而男孩子对性的要求却不同，他们虽也喜欢各种程度的亲密关系，但随着感情的进一步发展，他们的性冲动会强烈得难以控制。所以女生应该懂得，不要给男友以太强的性刺激，以防突破最后一道防线。

作为女孩子来说，男生向你表白时，不要急于进入恋爱关系，要有一个预备期，让双方都有时间互相了解。如果认为合适，确立关系时要约法三章，和你的男友说清楚自己的人生价值观和底线在哪里，要求对方尊重自己。恋爱过程中不可避免会发生一些亲昵的举止，在感觉无法控制的时候，要巧妙回避，运用一些保护自己的小诀窍。比如：约会的时间最好不要太晚；约会时衣着不要过于透明、暴露；当发现男友产生性冲动而非常不安时，适时地提醒他或找借口把他带到人多的地方，或谈些别的话题，以转移他的注意力。要尊重男友，千万不要采取简单、粗暴的拒绝方式，以免伤害对方的自尊和两个人的感情。这样，女孩子既没有伤害对方，又很巧妙地保护了自己。大家要记住，你有说不的权利，要坚持自己的生活原则。还有一点，那就是“该分手时就分手”，如果男友逼到了你的底线，你要怀疑自己的选择，是否值得做这样的事，和他严肃地谈一次。如果他仍然坚持，就要大胆勇敢地分手。

如果男生真的深爱自己的女朋友，希望他能够为女孩子的幸福着想，为双方负责，就不要急于发生关系，把第一次留到结婚时。女生要学会自爱、自重，保护自己，不管爱得多深，爱得多热，有些事，不到结婚，是不能做的。暧昧的矜持，其目的不是拒人千里之外，而是让男友保持一股战斗进攻的激情，也为自己留一条退路，让一个男人在尊敬的高度上喜欢你，这种爱情才高贵。谈恋爱，确实对女生的情商是个大考验，稍有不慎，就可能被冲动的男生“带坏”，从而迷失方向，傻傻地“献身”，结果善后工作一大堆，甚至后悔莫及。记得，快乐地去爱，快乐地享受爱情。

时至今日，由于性知识的欠缺所导致的悲剧在大学校园里还时有发生，这不能不令人感到惋惜。对于热恋中的男女来说，了解必要的性知识，有效避免怀孕和流产就显得尤其重要。特别是对女生来讲，一定要了解女性的身体特征，能够准确判断自己的排卵期和安全期，避免为追求一时的愉悦而带来长久的伤痛。对于男生来讲，需要了解必要的避孕知识并采取正确的避孕手段，尽量避免由于自己一时的冲动带来的不必要的伤痛。

大学里的爱情是美好的，恋爱和性行为密不可分，但是大学生一定要学会对轻率的性行为说“NO”。要以学业为重，切不可因为一时冲动影响自己的个人发展。

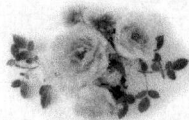

温馨提示

性绝不是爱情长久的砝码。

只有学会爱自己，才会爱别人。

爱，首先，要珍惜自己，保护自己。

第五章 网络篇

——虚拟王国

（天使与魔鬼的化身）

1. 好好学习，天天上网

——网络，网住的是精彩还是无奈？

因为网络是那么好的一个东西，网络就跟图书馆一样的，99%的人上网是做正面的事情，也许有1%是比较不好的，但是我们不应该太大地出现1%的问题，我们更多应该让大家看到99%在网上做的东西都是有益的。

——李开复

在北师大紫金香论坛的迎新版块中，一篇名为《教你从“菜鸟”变成“骨灰”——北师大生活攻略》的文章被置顶，浏览人次达到了3万。这篇文章由一个在北师大生活了8年的博士整理，分别从出发前的行李准备、行程安排，到校园介绍及物品购买4个部分，详细地解答了新生在入学过程中可能遭遇到的问题。发帖人通过自己的亲身经历，总结了7条经验教训，避免新生重蹈覆辙。从出发前的准备到入住宿舍时应注意的问题，每当有新生提出疑问，都会有众多帖子进行详细的解答。类似的帖子在各高校BBS上都大受追捧，新生们通过网络，提前就了解到了自己在入学后需要了解的内容。一些同学留言说，看了帖子后，原本对大学新生活因不了解而产生的担忧和恐惧渐渐消除了。

作为伴随着网络成长起来的 90 后，网络已成为他们生活的一部分。一些准新生们接到了录取通知书后，就迅速地上网搜索自己考上的那所高校的信息，未入校前就通过网络对学校进行了解，并在 QQ 群上和同校学生交友，人未入校，同学已熟。还有的在 QQ 上建立相应的专业群、班级群，通过群聊、在校园 BBS 上留言等多种形式获取学校衣食住行的各类信息。

“人在大学飘，哪能离电脑？”网络代表着文明的进步。那里有浩翰的知识海洋任你遨游，有瑰丽的艺术之葩争奇斗艳；足不出户可知晓天下大事，鼠标轻击即购来中意之物；享受与世界各地的友人“聚会”、聊天的乐趣，体会发张“帖子”可得到八方援助的喜悦……

世界真奇妙！如果你想及时了解最新的资讯动态，那就打开网络吧！关心天下大事的，可以去人民日报和新华社的新闻网站；爱好英语的，可以去英语角；爱看娱乐八卦的，那就去猫扑凑凑热闹。总之，只要你有自己的兴趣，在网络中总是能够找到一片天地的。

互联网=N 本书。越来越多的大学生青睐上网学习。在网络中，丰富的学习资源可以为自主学习和协作学习创设有意义的学习情境，有利于扩大我们的知识面，开拓视野，提高学习兴趣。不少高校在专题学习网站中提供了各种各样的网络资源，如文本、图形、图像、动画、视频、音频、多媒体课件等素材和资源，以及相关的学科工具、网站链接和网络通讯工具等。这使专题学习网站能够真正成为大学生获取信息、情境探究、协作交流和自我测评的认知工具。

与两年前大多数人对网上购物尚存疑虑相比，随着物流和配送体系的完善，网上购物越来越成为一种普通的消费方式。比如，在一些大型购物网站(如当当网、淘宝网和卓越网等)上买书既便宜又方便。小到一副眼镜，大到一台洗衣机都可以很方便地在网上买到。网络购物还有两个好处：一是开阔了视野，可以货比三家。在现实中逛商店只能一个一个地逛，你即使拿出一天的时间也只能跑附近的几个店，而在互联网上情况就大不一样了，你调出一类商品，就可以浏览成百上千个网上商店的商品。二是价格便宜，因为网上商店把商家与消费者直接连起来，省去了中间环节，也省去了商场和销售人员的费用。学生如果想买一些书籍和影像资料，都可以在网上找到物美价廉的商品。

利用闲暇时间在网上看看电影、打打游戏，已成为大学生们日益喜欢的休闲方式。网上聊天、网上交友、网上购物等，都给我们的日常生活和学习增添了不少乐趣，那些美妙的网络风景有待我们慢慢去体会。

我们还可以在网上开通博客、微博等，记录自己的点滴心情，留下个人的成长轨迹。这是新的网上平台，在这里收获会更多：我们可以充分张显个性，简便、快捷地结识朋友，了解更加丰富多彩的资讯，学到更多书本上学不到的知识。

此外，我们还可以在网上找工作。应聘者可以通过任何一台联网的电脑输入自己的信息，进行自我推销，然后留下 E-mail 地址，以便用人单位联络。其不受时间、地域、费用、信息、场地的限制，应聘者可与用人单位进行高效的互动交流，增进双方的了解，提高主聘和应聘的命中率，可谓是一种高效率、低成本的就业形式。

对于时间相对宽松的大学生而言，在网上开个小店，对缓解经济压力是个不错的主意。如今网上开店渐成时尚，不少大学生乐此不疲，有的比上班族的收入还高。

大学生们最常使用的网站类型是：搜索引擎、网络社区、视频网站、门户网站等。在众多网站中，大学生们最喜欢浏览的 10 个网站分别是：新浪、百度、人人网、谷歌、优酷网、土豆网、中国知网、天涯网、淘宝网和赶集网。

南京理工大学学生会调研部组织了一次征集活动，主题是“离别的温情”，邀请即将离校的毕业生们给在校的学弟学妹们一句忠告。有不少毕业生态度鲜明地表示：“少玩游戏多看书，多去自习少上网。”这也是排在前列的忠告之一，而且有几份写得十分震撼。其中一份问卷用3行大字跨越了问卷设计的6行空格，赫然写着：“血淋淋的教训：黑洞——网吧！拒绝它吧，未来的兄弟姐妹们。”

无独有偶，南昌市的一些高校也组织了类似的活动。很多即将毕业的同学都说出了这样的话：“网吧是黑洞，游戏是鸦片，千万别去碰。”毕业于江西农大计算机科学与技术专业的小林是个网络游戏高手，他除了大一时认真上课外，其余时间大多泡在网吧里。他把星际争霸、传奇、CS等游戏玩得出了名，网吧也经常给他留座位。但他付出的代价是：钱包瘪了，全花在了网吧，学费却交不起；几乎门门功课要重修；学位证拿不到，如果不交齐学费的话，毕业证也成问题。面对这样的情形，毕业前夕，他经常会把“网吧是黑洞，游戏是鸦片”这句话挂在嘴边，似乎是自言自语，又好像是劝诫他人。

网络像一匹黑马，闯入了大学生的生活，并将伴随他们一路前行。就像任何事物都有两面性一样，网络是把双刃剑，它带来海量信息和便利的同时，也给大学生带来了不可避免的负面影响。网络游戏、沉溺聊天、黄色网站被认为是影响、祸害青少年的三大社会公害。

网络是一种没有国界和地域的全新媒体，具有全球性和开放性的特点。由于网络语言环境、信息流量和价值判断等方面的不平衡性，西方发达国家通过网络进行的思想渗透和文化侵蚀对中国大学生造成的影响不可低估。根据有关统计，互联网在语言使用上，英语的内容约占90%，法语的内容约占5%，其他语言的内容约占5%。在信息的流量上，美国等西方发达国家占95%以上，我国则不足1%。此外，在信息技术和软件投资上，美国等西方发达国家平均每年投入高达6000亿美元。这就意味着西方发达国家基本垄断了互联网上的大多数信息资源，继而形成了以少数发达国家的语言、思想和文化为核心的全球传播体系。这一体系所提供的信息也主要服务于少数发达国家的政治、经济利益，这势必对我国思想文化阵地和意识形态领域形成新的冲击，不利于大学生传承我国优秀的传统文化、培养理性的民族精神和爱国主义思想。

借助于网络的隐蔽性和虚拟性，网民以“隐性人”的身份在网上自由操作。一些人摆脱了现实社会中诸多人伦、道德的约束，极易放纵自己的行为，忘却社会责任，丧失道德感。目前青少年网上犯罪呈上升趋势。据统计，计算机犯罪大约只有1%被发现，侵犯知识产权、恶意制造计算机病毒、黑客入侵和网络诈骗等案件逐年上升，而诸如偷看他人邮件、查阅黄色信息、发布不健康信息等不道德行为也成为网络公害。

《中国教育报》记者曾对一些城市的商业网吧进行了明查暗访。记者发现在一些聊天网站里，有很多中学生，其中高中生占大多数。某些登录聊天室的中学生，主要是和网上“恋人”谈情说爱，他们大多有一个个浪漫时髦、颇具诱惑力的名字，如“我是美女”、“恋恋风尘”、“红颜知己”、“孤枕难眠”等。可以想象假如他们走进大学之后，拥有更加便利、自由的空间和条件，这些“网上恋情”将会继续进行。在大学生中，沉溺于网络情海的人也为数不少。在互联网上，要得到含有色情内容的图片、数字影像、文字也是一件轻而易举的事情。大学生正处于青春期，在情感上还不能完全控制自己，容易沉溺其中而不能自拔。

网络形成的虚拟社会也会造成大学生逃避现实，大大减少了人际交往的机会。上网的大学生网民中出现了程度不同的心理困扰，如“网络迷恋症”、“网络孤独症”等现象在每一所大学中几乎都存在。由于沉溺其中而不能自拔，荒废学业的大有人在。网络的虚拟环境还可能扭曲大学生的人格，导致个人主义的倾向。

温馨提示

“E时代”也是迅速创造距离的时代，在纷繁的现象背后，仍是优胜劣汰的残酷现实，清静的大学校园也是如此。我们应从各种利弊来考虑，适时但不沉溺于网络，处理好自身的任务——学习与上网的关系，使网络为我们的大学生活增添绚烂的一笔！

合理地利用网络，会给你的学习和生活带来很大的帮助。正确认识“网络世界”和“现实世界”的差距，可以帮助我们增强心理防范意识，提高心理“免疫力”。

2. 今天，你“围脖”了吗？

——网络中的人际交往

国际互联网会制造一个充满孤单者的世界。

——美国斯坦福大学学者诺曼尼

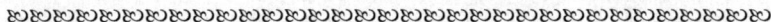

小王：刚进学校那几天，大家还聊聊自己的家乡，时间长了，就感觉没什么好说的了。大家都有电脑，一般晚上都各做各的事。真有什么话题想跟大家交流的时候，一看其他人都两眼放光地对着电脑，话到嘴边也咽下去了。偶尔聊几句，也是在网上看到了什么好玩的事。最近交流得稍微多一点，因为要选专业了，大家都有些迷茫。

2001 年末，清华大学计算机系毕业生拍摄的 DV 短剧《清华夜话》迅速成为各大高校 BBS 上的热门话题。这个短剧勾起了无数人对大学生活的回忆。让 70 后、80 后们怀念无比的卧谈会，在 90 后大学生的生活中却渐行渐远。网络信息不仅改变着 90 后大学生们的生活方式，而且已经“入侵”到他们的精神领域，深刻地影响着他们的人际交往和情感交流方式。

网络带来了人际交往方式的改变。无论对方是在天涯还是咫尺，上了网就像是在面对面，如果再用上传声和摄像技术，那简直有一种令人畅快的感觉。从心理距离来看，因为网络上可玩和可聊

的东西比较多，进入时容易找到共同的话题。在传统交往方式下，人际交往常常局限在实际生活中狭小的生活圈子。网络社会的人们却可以跨越千山万水，突破地域空间的限制，让整个地球变成一个小小的村落，真正实现“我们的朋友遍天下”。它可以让人足不出户，在数秒之间找到多年挚友般的倾心感受，而免去了彼此的客套、试探、戒备和情感道义责任。同时，由于网络人际交往的匿名特点，一般不发生面对面的直接接触，使得网络人际交往比较容易突破年龄、性别、地位、身份、外貌等传统人际交往影响因素的限制，建立更为和谐、民主、平等的人际关系。

目前，在校的大学生绝大多数是独生子女，他们渴望与人交流，有自己的交友空间。但由于他们在家庭中处于中心地位，走出家门在交友中常常会遇到许多苦恼。在大学生心理障碍中，人际交往的恐惧和烦恼几乎超过学习方面。再者，现代校园生活丰富多彩，同学们爱好各异，加之学分制的实行，传统的班级概念越来越弱。每个人都具有相对独立的生活和空间，对待朋友既希望他能招之即来，同时有时也需要挥之即去，“君子之交淡如水”已成为越来越多大学生追求的境界。网络的隐蔽性使得网上交谈可以不担负责任，这正可以满足大学生的交友需求。用一个代号、一个化名，就可以在网上广交朋友，与朋友交谈既可以推心置腹，又可以恣意调侃、抒发情感、交流思想、排遣空虚和打发寂寞。

“在网上，没有人知道你是一条狗”，这句话已被广泛传播。它表明了网络传播的匿名性和虚拟性，而正是这种匿名性和虚拟性，消除了面对面交往的压力与谨慎，让人们有了更多表露真实自我的勇气。在网络上，多数人选择的都是程度不同的自我表露。一个人会在在线聊天工具上找一个陌生的人，把刚刚失恋的痛苦倾诉给他；一个人会把自己工作的不快，对领导的怨言，通过 E-mail 写给自己熟悉的朋友；一个人会在 BBS 中把自己对某件事情的真实看法毫无保留地发表出来，而不用担心发表此等言论的后果……诸如此类，对于减少学习和生活压力有着积极的作用。

网络中人们之间的交往缺少了很多因素，比如面部表情、目光接触、肢体语言、语音语调、两人间距、环境作用等，这使我们对交往对象有很多的美好憧憬和幻想。

网络交往中对方的昵称，也会给我们留下第一印象。“落泪的玫瑰”、“哭泣的天使”给我们的感觉是伤心和柔美，“天行健”、“持斧刑天”则让我们感受到阳刚之美。其次，图片的提供也影响到别人对你的印象。一个人在选取QQ头像时，多根据自身的喜好，寻找和自己心理最接近的形象作为自己形象的代表。另外，网上自我介绍，特别是年龄与性格等诸多因素都影响着我们最初对别人的印象。在网络中，交往双方都尽量把自己优秀的一面展示给对方，而把自己不擅长的一面隐藏起来。

据统计，在利用QQ进行人际交往时，首先看性别的占到89%以上。有的干脆就在精确匹配里直接输入“女(或男)、22～30岁”等内容。如果统计一下，你在某一网络聊天软件中，随意加入的网络朋友，异性所占比例必然不低。其实，网络人际交往中，性别吸引是重要的心理因素。“男女搭配，干活不累”，异性相互吸引是人的天性。匿名免除的尴尬、对异性的好奇等都决定了网络人际交往对异性的追逐倾向。

星期六下午，清风正在网吧狂聊。他一个人进了三个聊天室，登录了三个QQ，真可用忙得不可开交来形容。一个叫明月的给清风发来一个QQ消息：“送你一个吻。”清风回到：“明天博物馆见。”对方发来：“好吧！不见不散。”清风回：“不见不散。886。”清风很兴奋：“明天我要和我相识一周年的网友见面了。”同学笑着说：“身处侏罗纪，小心被恐龙吃掉，弄得宿舍被炸。”清风反讥：“你这是吃不到葡萄说葡萄酸。”

第二天上午，清风兴高采烈地去赴约，可不到中午就回来了。只见清风一脸颓唐，面无血色、两眼无神、行为呆滞、精神恍惚、半死不活。清风进了宿舍只说了非常简单的几个字："宿舍被炸。"

同学："看你这个样子，不会那么惨吧。"

清风喃喃地说："我心目中的明月，乌黑的长发，苗条的身材，漂亮的脸蛋，甜甜的笑容，樱桃般的小嘴，柔情似水的双眼流露出令人难忘的秋波，她身穿一件飘逸的霓裳，宛如仙女下凡。"

同学："那今天的那个明月呢？"

清风脸色一变，说："她，她完全相反。我算看出网络的本质了，还是古人说的对，网上无美女。我要绝网！"

也许网络的魅力太大了吧，第二天清风又去上网了，但他对聊天已没什么兴趣了。

找网友聊天，跟网友见面，这对很多大学生来说都是习以为常的事情。可是，见网友真的那么美好吗？网上的"虚拟身份"还常常会演出不少闹剧和骗局。互联网给许多人创造了一个情感的封闭空间，使人们从现实中解脱出来。但若将所有的情感寄托在网络中又不能不说是一种悲哀！除了跟网友开门见山地发生超友谊的关系，或者是缠着网友请自己吃麦当劳、肯德基，真想不出为了这些见网友有什么必要。自己身边的人都来不及去交流、去沟通，为什么偏偏要去舍近求远呢？况且网友让你感到失望的可能性比你隔壁宿舍的人让你失望的可能性要大得多。轻舞飞扬和痞子蔡的爱情确实让人感动，可那终究只是小说而已，而且轻舞飞扬已经红颜薄命了，而痞子蔡却继续跟别的女孩发生着一次又一次的亲密接触。

有许多女大学生抱怨：当自己的真实性别被网友知道后，往往会惹来许多麻烦，因此她们往往以男性身份上网。网络上所上演的闹剧增加了人们的情感信任危机，这个问题也引起全社会的高度关注。

近年来，关于利用网络实施抢劫、强奸等犯罪行为的新闻报道目不暇接。很多人出于好奇或者一时冲动而去与网友相见，结果走进了网友早已设置好的圈套，或是被劫财，或是被劫色，甚至可能被杀害。湖南某高校的一名女生在网吧通宵上网，凌晨两点多的时候竟然只身一人去会见网友，结果不但被几个男性轮奸致死，而且双眼被残忍地挖出。类似的悲剧又何止这一起呢？

福州一名女大学生小娜忙着会见网友，已经“失踪”5 天了。她的父亲在寻找女儿时，意外地发现女儿一个月竟给网友发了 7000 多条短信。原来，自从上大学之后，小娜就迷恋上上网，经常夜不归宿，辅导员曾多次跑到网吧找她。但小娜似乎对老师的关心和警告没有反应，依然我行我素，有时会网友几天不上课。小娜此次失踪后，其父求助于电信部门，想了解小娜经常和什么人联系，不料一打话单吓了一跳，小娜一个月竟发了 7000 多条信息给不同的人。他都不知道该从哪一条信息下手寻找女儿。心急如焚的父亲每天都在网吧、大街小巷寻找女儿，他希望 17 岁的女儿能早点回家，不要荒废了学业。

美国斯坦福大学学者诺曼尼指出：国际互联网会制造一个充满孤单者的世界。卡内基梅龙大学心理学家克劳特主持的调查也表明：经常使用因特网及电子邮件的调查对象与亲戚朋友之间的交流明显减少，孤独感加剧，并出现了严重的抑郁症状。而且无论什么人，电脑使用得越多，孤独感和抑郁感就越强。

网络的人际交往是通过人机对话来实现的，与现实生活中的人际交往相比，它掩盖了许多丰富的内容，如眼神、微笑、手势、语调等非语言符号，存在情感深层交流不足的缺陷。例如：在网上，人们无法体验到现实中的直接情感交流所带来的愉悦；人的个性发展和情感需求，特别是其内在的亲和动机得不到充分的满足。网络能够使人学会在网上与更多的人进行信息交流，但不能代替最直接的人际生活体验，因为直接交流的方式比网上交流更复杂、更有人

网吧牛人
网吧里总有一些混蛋，某日包夜，遇到兴致正浓的大金刚…
美眉，我不但长得像刘德华，我唱歌也像他~
大金刚要唱歌了
网络真危险
不是吧？
爱情不是你想卖想买就能卖~~
要命啊，杀了我吧~！
屈服于淫威……
各位，今天我状态良好，你们觉得呢？！
好~~好！！
哦，~那我再来一首“谢谢你的爱”
……

情味。网络交往会弱化现实的人际交往能力，整天沉湎于网络的人用于人际交往的时间大大减少，导致人的实践、社交能力下降，心理趋于封闭，因而会使人逐渐失去对现实生活的感受力和紧张感，孤僻与冷漠则乘虚而入。这种孤独感让人更加依恋网络，一旦离开则无所适从、烦躁不安，整个人呈现出电脑化、网络化的状态，易产生人际情感淡漠、社会适应能力降低等现象，进而渐渐走向个人的孤独世界，甚至引发严重的后果。

网络如同一个色彩斑斓的虚幻大舞台，一个个蒙着面的人在舞台上扮演着各自不同的角色。上网者选的坐标点不同，站的舞台位置也不一样。灯光明亮之处，给人以奔放热烈之感；灯光柔和之处，给人以亲切温暖之感；灯光灰暗之处，给人以迷惑神秘之感；灯光阴暗之处，给人以冷漠冰凉之感。上网者扮演什么角色，需要什么样的网友与之同台共舞，这取决于他们自身的素质和品性。

一首歌唱得好："朋友多了路好走，"网络上的朋友也是一样。与网友交往的过程中，不要抱有过多美丽的幻想和网恋的遐思。用真诚的话语与网友坦诚交流，这就是恬适的心态。用这样的心态上网交友，一定会有意外的惊喜和收获——赢得网友的垂青和信赖。

网络给人们提供了心灵交流的平台，也是人们的精神花园。人们徜徉在这美丽的花园中，避免不了园中的残花败柳"滥竽充数"，园内角落的尘埃恣肆横掠、大煞风景。如果不擦亮眼睛，不用慧眼看待网络中的朋友，就会产生一种误导和痴迷，甚至会受到伤害。在此提醒大家：不轻易相信一个人，不随便伤害一个网友。与可心的朋友真诚交往，与一般的网友友好往来，对品行低劣的网友不理不睬、弃而不要。

温馨提示

电脑使用得越多，孤独感和抑郁感就越强。

不轻易相信一个人，不随便伤害一个网友。

利用网络实施抢劫、强奸等犯罪行为日益增多。很多人出于好奇或者一时冲动而去与网友相见，结果走进了网友早已设置好的圈套，或是被劫财，或是被劫色，甚至可能被杀害。

3. 看上去很美

——理性对待网恋

网中亦有真爱在。不是网恋犯的错，都是滥情惹的祸。

——网络名言

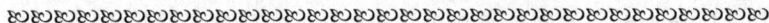

小朱和女友是在网上认识的，他们志同道合，志趣相投，最重要的是聊天时双方都会感到从未有过的愉悦。他们海誓山盟，沉浸在爱情的甜蜜里，每天最开心的事情就是能在 QQ 上看到对方的头像在闪耀，一刻没有看到，他(她)都会很着急。他们是在网上认识一年多才见面的，见面时两人都感觉没有在网上那么好。但是由于在一起时间比较久了，双方都为对方改变了不少，现在很幸福。小朱说是网络给了他一份爱情，也是网络让他拥有这份幸福。

鱼对水说："你看不见我的眼泪，因为我在水里。"水说："我能感觉到你的眼泪，因为你在我心里。"这是一部描写网恋的小说中的经典对白，曾经广为流传。而如今，随着网络的迅速发展和普及，网恋这种特殊的恋爱方式正在成为当代大学生的"缘分天空"。一项相关调查指出，超过 40%的大学生相信网恋有成功的可能性，超过 60%的大学生对网恋持中立态度。

网恋是现代人的童话。有着浪漫情结的年轻校园学子们对于爱情更是充满了憧憬与渴望，他们希望通过网恋能把童话变为现实，

使美梦成真。有不少大学生，自从在网上认识一个谈得十分投机的异性网友以后，就如痴如醉地泡在网上，达到了废寝忘食的地步，以为自己遇到了多年来要找寻的白马王子或白雪公主。

为什么网恋是如此地充满诱惑？到底是现实的无奈还是网络的虚拟？

在网络世界里，真情通过灵巧的手指在键盘上不停地弹奏，像跳动的音符把两颗原本陌生的心紧紧相系。谁也不在乎这份旖旎得近乎虚幻的爱情能否天长地久，但大家只是珍惜此刻两颗心的相互拥有。在网上由于时空的距离，于是有一种说不清的感觉便能更真、更纯的交流。不追求外表，外表会欺骗人。不追求财富，财富也会渐渐消失。只想追求一个能听你倾诉、让你开心的人，因为日常生活的压力太大，人们只要开心，就能让灰暗的日子变得充满光彩。虽然知道这情感只能在网上，只能在虚幻的世界里，也明白，由此得到的只能是精神，但也足矣！

网络所营造的宽松环境为爱情的发展提供了最好的土壤，也使原本羞涩的人们敢于表达自己的感情，因而从根本上提高了网络爱情的质量。从某种意义上说，网络爱情要更浪漫，也更温柔。与现实生活中的爱情相比，网络爱情似乎更符合人们对浪漫的向往。网恋不需要你去考虑房子、收入、家庭背景等诸多对爱情婚姻起到重大制约作用的因素。这样，抽掉这些世俗的附加品，两人可以全心投入到一种纯粹爱情的状态中，一种纯粹属于心灵的交流。所以，尽管双方彼此未曾谋面，但在感情的交流上有时比生活中的还要深刻。这也是为什么大部分人明知这种恋爱很可能是没有结果的，却仍乐此不疲、越陷越深的原因之一。大学生网恋包括游戏型、感情寄托型、追求浪漫型、表现自我型、追求时尚型、随波逐流型等多种心理类型。然而，不管是哪一种类型，几乎都具有一个共同特点：抛弃“恋爱是为了缔结婚姻”，而把网恋视为一种网络游戏、在网上进行情感交流的一种方式。不仅可以把现实社会的种种规则完全抛开，而且可以模糊性别和身份，把所有的事情都当作游戏。

在大学生中确有一些学生通过交流学习心得、人生看法，逐渐情投意合而网恋的。但就多数而言，则是经不起外界的诱惑。看见同宿舍的同学都在网上谈情说爱，觉得留下自己孤零零地不好，于是也就加入了网恋队伍。

事实上，我们也不得不承认网上“情缘”的难能可贵与来之不易。能于茫茫网海中偶然相遇、相识，由短短的一声问候，到无所不谈，再到走入彼此的生活，不是“缘”是什么？从朦胧的焦灼等待，到昼夜长谈，再到心灵企盼，不是“情”是什么？所以，无可否认：网络是有情的。然而，网络情缘并不等于网恋。网络情缘因人而异有不同的结局，它就像是弄堂的尽头有一扇门。可以想象：门的后面一定有动人的音乐，香醉的美酒，绚丽的鲜花，粉红的地毡……快走慢走都一样，每个人都想去开启也应该去开启那扇门，以探看门内是无限的永恒还是短暂的春天？

有人走得很慢——因珍惜这份情缘，所以不愿轻易燃烧自己，因懂得“醉后方知酒浓，爱过方知情重”的道理。所以他们的感情，如深埋地窖的酒，随着岁月的流逝而日益飘香、回味无穷。有人走得很快——因贪念这份情缘，而肆意让自己燃烧。有人在燃烧里看到了春天，于春天里手挽手从虚拟世界里走出来，在现实世界里完成彼此的承诺和相互的责任，相陪、相伴走过四季。因此，他们是幸运的，网络成为了他们的月下老人。而这类幸运儿终究是少数，相信也但愿将来会愈来愈多。而另一类人，则在燃烧的瞬间，虽然也看到了春天，但同时也点燃了缘之红线，线断情灭。于是便有了：网恋如烟，每一度的燃烧，都是一曲生命的悲歌，投入一次，芬芳一次，光焰一次，也如同毁灭一次。生命的延续就在这一次次的灼烧光环中，被伤害的结局却是另一个故事的开始。

女孩说：“我喜欢在临街的窗前，用明澈的眸子看风景，也看红尘中匆匆来去的行人。男孩说：“我喜欢在黄昏时分，走在街上，让高大的男子的身影映在窗前。”

女孩说：“黄昏里，暮色暗蓝，起风了，我感到一丝凉意。”

男孩说：“我此刻渐渐向你走来，我的宽厚的肩膀为你挡风遮雨。”

他们一天天在网上倾谈，他们的想象力更加飞扬。终于，“明眸流盼”问道：“你愿为我奉献什么呢？”“高大魁梧”慷慨承诺：“我愿为你付出一切，只要你要，只要我有。”然而，这是一个无言的结局。

他们见面了，一切也就结束了。

虚拟的网恋被击得粉碎。“明眸流盼”是高度近视，“高大魁梧”则是 1.65 米的身高。他们把网恋当作浪漫小说，把自己理想化了，把对方也理想化了。于是，遇到一个“网络定理”：“见光死”。

网恋的确是美丽的，诱惑着很多现实社会中孤寂的心灵，然而网恋通常的结果是让人哀愁的。大学生是常在网络中游走的人群，他们陷入网恋的可能性很大。尤其对于大一新生，远离了家庭的温暖，身边还没有异性朋友的陪伴，对于大学生活充满了很多的幻想和困惑，所以更应充分了解网恋的美丽和忧伤，以理智而不失分寸的态度对待网络中的所有故事。

如果仅仅把网络看做一个虚拟与现实隔离的世界，也就不会有那么多遗憾了。但问题是，我们的情感并不会一直满足于网络的虚拟模式，当这种不满足需要面对面来解决时，麻烦也就跟着来了。“让虚幻的归属虚幻，现实的归属现实”，痞子蔡的话也许告诉了我们对待网恋的合适态度，否则“受伤的总是我”。网恋之所以美丽，就在于它是在网上，是属于虚幻世界的，但它不能一直停留在网上，所以不可能一直美丽下去。网络中的人通常生活空虚、心情郁闷，需要异性的感情慰籍，由于需求太过强烈，所以上网结识异性之后很容易自作多情地想入非非，而见面之后，落差太大，丝毫没有感觉，网恋失败也就很正常了。媒体上经常报道关于网恋的负面消息，其实当事人多是一些很不成熟(至少感情心理上如此)的年轻人，他们选择跟网友见面不是因为心灵的深深吸引，而是由于好奇心的驱使，一些犯罪分子就抓住他们心理的这个弱点，乘虚直入。曾经看过几则关于女大学生网恋遭辱或遇害的报道，犯罪分子和她们聊天时自称是某某名牌高校的大学生或研究生，但实际上却是社会上的流氓小混混。我当时觉得简直难以置信，实在无法想象一名女大学生如何跟一个小流氓进行“心灵的对话”，他们知识素养根本不在同一个层次，那些女生要是稍微有些判断力，在聊天的时候用用英文或者谈一些专业知识，犯罪分子马上就会漏出马脚，悲剧也就不可能酿成。就连七八岁的小朋友都知道遵照父母的嘱咐，不接受陌生人给的东西，不跟陌生人去陌生的地方，怎么一些高智商的女大学生头脑就会简单到如此地步呢？那些网恋悲剧很难让人产生怜悯和同情，主要还是应该从受害人自身找问题。

恋爱没有固定的模式，一切皆在缘分，但能否持久就看两个人感情的契合度了。恋爱未必只能发生在熟知的同学、同事之间，或经别人介绍才能进行。有人发生火车恋，也有人在旅游时结识了自己的知心爱人，还有人在商场或书店遇到了自己生命中的另一半，从新东方课堂走出来的恋人也多的是，网恋亦是异性相识、相爱的一种方式，无可厚非。有一对恋人，现在已经结婚，日子过得非常甜蜜幸福，他们是在 BBS 上相识、相知、相爱的，从观点交锋到互相欣赏、爱慕，又借助电子邮件完成“真情告白”，后来走上了炽烈的爱情“不归路”，是网恋的典范。但需要指出的是，恋爱是可遇而不可求的，如果哪个缺乏判断力、容易轻信任何人的偏执狂非要通过坐火车、旅游、购物或参加培训班来找到自己的梦中情人，那么我要说的是，这个人肯定走火入魔了，要是他(她)胡乱交友而最后不出岔子就怪事了。古人说得好，“水可载舟，亦可覆舟”。剪刀可以裁出美丽的衣裳，但也可以制造人命案。网恋也一样，可以开出美丽的花朵，也能酿成令人痛心的悲剧。对于网恋引发的很多悲剧，应全面、理智地看待，而不应把责任一股脑全推到网络身上。网络亦有真爱在，大多数情况下不是网恋犯的错，都是滥情惹的祸。所以，“网恋本无罪，庸人自扰之！”

22 岁的陆姑娘网名“快乐天使”，在 QQ 上聊天时结识了网友“猛龙过江”。“猛龙过江”果然身手不凡，一来二去就把这个“快乐天使”哄得团团转。满以为找到人生知己的“快乐天使”不但将自己的各种联系方式如实告知，连自己的家庭背景情况也和盘托出。

一天，“猛龙过江”打电话约“快乐天使”见面。在宾馆的客房里，“猛龙过江”说是带来了好多礼物，要用布蒙上眼睛，给初恋的女友一个意外的惊喜。陆姑娘居然没有丝毫犹豫便顺从了。这时，“猛龙过江”凶相毕露，用棍子击打、绳索捆绑、毛巾堵嘴等方式将陆姑娘制服。一番轻薄后，“猛龙过江”抢了陆姑娘包里的 2000 余元现金和一部手机等财物后逃逸。

网恋是一种以网络空间及其电子媒介物为主要沟通手段的感情互动过程，本身完全是合法的。网恋基于特殊的媒介，因而它与传统恋爱比起来具有浪漫、神秘、开放、偶遇、瞬时、泛爱等诸多特性。于是，网恋犯罪与其他犯罪相比，也就更具诱惑性、偶然性、不特定性和险恶性等特点。目前，利用网恋实施的杀人、强奸、诈骗等犯罪行为有日趋增多的趋势。进入百度，输入关键词：大学生网恋、犯罪。“网吧惊现女尸——女大学生命丧网恋男友之手”；“女大学生网恋交损友 被拍裸照敲诈钱财”；“女大学生被网恋男友绑架并掐死”；“千里迢迢与‘网友’约会 女大学生命丧网恋”；“女大学生网恋失贞自杀，家属欲追责男方称自愿”这样的新闻令人触目惊心。

因此，我们邂逅网恋的时候，应充分认识网络世界的虚拟性，对网恋要多一分清醒，少一分沉醉，不要忘记给自己筑一道“防火墙”。

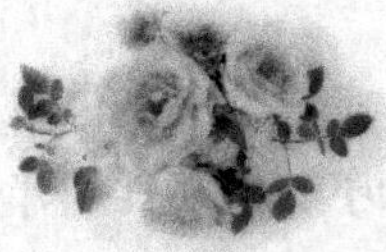

温馨提示

网恋是现代人的童话，要使童话有个美好的结局，必须回到现实。

网络“情缘”并不等于“网恋”。

网络婚姻，不过是一场游戏一场梦，梦醒之后，一切都将跌落现实。

4. 秒杀，想说爱你不容易

——小心网络购物“陷阱”

购物，想当当！(当当网)

淘！我喜欢。没有淘不到的宝贝，没有卖不出的宝贝！(淘宝网)

网购上京东，放心又轻松！(京东商城)

——网购广告语

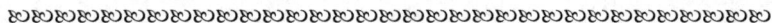

最近 iPhone4 发售，小 A 心痒痒，也想买一部。在淘宝搜索有关信息，找到一家价格便宜得难以置信的店，只卖 3200 元，而且有现货，于是他赶紧跟店主联系。当时淘宝上 iPhone4 的最低价格在 5000 元左右，而卖家出价 3200 元还包税费和邮费，显然大大低于市场平均价。等小 A 拍下商品后，骗子用“低价走私货”等理由，要求小 A 使用“银行汇款、第三方支付平台(如支付宝)即时到账”等风险较高的支付手段，达到骗取钱财的目的。

在网站上，如果许多产品以市场价的半价甚至更低的价格出现，这时就要提高警惕，想想为什么它会这么便宜，特别是名牌产品，因为知名品牌产品除了二手货或次品货，正规渠道进货的名牌是不可能和市场价相差那么远的。

淘宝、支付宝、秒杀、商家信誉、旺旺——这些词语如今是大学生的常用语。在校园里、宿舍里，怎样买到物美价廉的好东西，也是每天都能听到的讨论。目前在校大学生中已经有超过1/4(26.7%)的网民青睐网上购物，购物规模达到430万人。在大学校园，网络购物已经成为一种时尚与潮流。

网络购物深受大学生喜爱，甚至有人除了去超市买点必需日用品外，其他东西一概从网上买。一方面，网购迎合了快节奏的生活方式。很多网店24小时营业，多晚也能买到东西。它符合个性化消费特点，既能省钱又能赶潮流。此外，在浏览页面的同时，能体验乐趣，有助于减缓压力。

大学校园中不乏追“新”族，他们喜欢追求新潮，敢于创新，消费的趋附性强。网络消费正好符合大学生富于想象力、渴望变化、喜欢创新、有强烈好奇心的特点，他们往往对个性化消费提出了更高的要求，所选择的已不再单是商品的实用价值，更渴望与众不同，充分体现个体的自身价值，这已成为他们消费的首要标准。个性化消费已成为现代大学生消费的主流。

对于大学生来说，购物中的即时、便利显得更为重要。传统的商品选择过程短则几分钟，长则几小时，再加上往返路途的时间，消耗了大量的时间、精力，而网上交易弥补了这个缺陷。如今，网上订餐、电子客票、虚拟机票的推广，更加体现了网络消费的简单快捷，从而深受大学生的喜欢。

现在部分高价值消费品越来越多地进入大学生的消费视野。大学生消费在一定程度上会相信自己真实的体验，如果使用某种品牌产品产生好的体验，就会坚持使用，从而逐步形成固定的偏好，最终形成使用习惯，保持对此产品良好的忠诚度。比如洗发水，感性认识上的气味清香、质量好、效果明显，都会使他们继续使用下去，而阿迪达斯、耐克等运动品牌在大学生中的渗透率也越来越大。这些都充分体现了大学生追求高品质、高品牌、高品位生活的需求。

在网上常常能够买到本地买不到的商品，从而在一定程度上满足了他们追求文化品位的消费心理。

在没有购买经历的大学生中，没有尝试网络购物的原因主要是对网站不信任，怕受骗，质疑其安全性，担心网上付款环节的可靠性等。没有网络购物经验的消费者对网络零售商的了解很少，而质量、信息搜索及订购都是在消费者真正进行消费的时候才能够切身感受的。

“今天你团了吗？”这句时髦用语如今已成为很多大学生打招呼的首选，也从侧面说明了团购这一新兴购物方式，发展之迅速。小到袜子、零食，大到汽车、房子，都能团，有人甚至戏称这股热潮为“百团大战”。

追求潮流的大学生和讲究实惠的老百姓最爱团购。团购以低价取胜，符合了人们的心理需求。此外，拉伙伴、评商品的过程促进了人们的交流，满足了社交需要。

不过，低价的背后，服务质量可能参差不齐。因此，参加团购一定要避免盲目跟风、逢团必购。不要因为害怕错过了优惠机会，结果买回来自己并不需要的商品。

小余想买豆浆机，搜到一家新开张的店铺，价格优惠。拍下后，让卖家改价格，卖家很快发来一个带问号标志的链接，他信手打开付款，可惜两次都未付款成功。卖家留言：“我的电脑死机，明天再付。”第二天下午，小余付款成功后，马上收到卖家发货提醒。小余觉得，这是闪电发货啊，真快！不一会儿，淘宝账号和阿里旺旺显示异地登录。但他并没有在意。后来，查看物流，小余发现商品交易已经完成，网络显示买家已经确认收货。可是小余根本没有收到豆浆机，他赶忙发起投诉。最终，在淘宝小二的帮助下，200多元钱被追讨回来，店铺也被查封。

有些网站提供的产品说明夸大，甚至虚假宣传，消费者点击进入之后，购买到的实物与网上看到的样品不一致。在许多投诉案例中，消费者都反映货到后与样品不相符。有的网上商店把钱骗到手后关掉服务器，然后再开一个新的网站继续故伎重施。

买货容易退货难，一些网站的购买合同采取格式化条款，对网上售出的商品不承担“三包”责任、没有退换货说明等。消费者购买了质量不好的产品，想换货或者维修时就无计可施了。

“说实话，我觉得秒杀这个玩法还是很不错的，对卖家来说是一个提升人气和流量的好机会。对我们买家来说更是扫货的良机，因为秒杀的价格一般都要比平时便宜很多。”不过在秒杀“血拼”了小半年后，小吴的想法却悄然发生了变化。“参加这种活动有便宜占固然很高兴，但是实在太累了，现在卖家搞的秒杀不仅供应量小，而且时间限制很严格，晚上去一会就可能吃白果，结果搞得为了能够秒到，经常要提前很久就开始等着，不停的刷新页面，真的很累。到后来我觉得我都是为了秒到而去参加秒杀，至于秒到的东西是不是我真的喜欢都已经不重要了，还曾经因为等秒杀误了大事，现在想想玩秒杀可能赚了价格上的实惠，但是赔进去的更多，耽误了时间，还搞乱了作息，有点得不偿失啊。”

“秒杀”无疑是“眼球经济”时代的产物。作为商家营销的一种手段，“秒杀”赚足了消费者的眼球，卖家可以通过很小的代价获得巨大的广告效益，本来无可厚非。可是时下不少“秒杀”的商品其实名不副实，秒杀价建立在“虚构原价”的基础上，商家通常先提高商品价格，然后再降价让网友“秒杀”。更有甚者，一些卖家给买家设计了“秒杀陷阱”，在打出“1 元秒杀”的广告吸引眼球后，却要求买家付出超过合理范围的高额运费。当这种营销策略变味后，甚至出现欺骗等行为，“秒杀”难免就会变成“鸡肋”。

一位业内人士称，和实体店低价销售一样，网店中的“秒杀”活动迎合了消费者想买便宜货的心理，有时难免盲目和冲动。因此提醒大家，在遇到超低价促销时，首先要明确这些商品是否为自己所需要。有些进行“秒杀”的商品其实是旧货或过季货，还有些并不是商家所承诺的限量发售。而一些显示在网页上的商品图片通常都是通过 Photoshop 等软件进行修饰和包装过的，即便推出的价格十分诱人，其实货物的真实价值还不值“秒杀”的价格。

为此，在“秒杀”前要和卖家进行充分沟通，了解详细的买卖规则，最好要求对方提供实体图片，弄清交易细则，并认真比较“秒杀价”与商品平时的价格有无差异，优先选择一些参与消费者保障计划的商家。

下面，我们给大家介绍网购中常见的两种陷阱。

网购陷阱一：秒杀价竟然高过市场价

“我在一家网店上看到一件标价近万元的皮衣，用 2800 元的‘秒杀价’将其买到了手。但兴奋劲还没过，我就发现这款皮衣在商场里的标价才不到 5000 元，而且还打四折，算下来比我的‘秒杀价’还要低。”小王很是郁闷。

的确有一些网络卖家会将名不见经传的商品先夸得天花乱坠以抬高价格，然后再用所谓“秒杀”活动吸引消费者注意，再加上部分网站对货品筛选不严，这种现象屡见不鲜。

网购陷阱二：秒杀商品无“三包”

“花 10 元买到 100 元的东西，这种秒杀就是用来清理库存的，不退不换。要不就是只提供一两件秒杀品，赚个访问量。”一名网店老板坦言，“只有大商家才有实力备足货品，否则几十件商品，一刷新界面就全没了。”

在网上购物最怕的就是遇到黑心卖家或被骗到钱财。那么在网购时就需要针对这两点注意了。

首先，要在一些知名的大型购物网站上选择商品。一般网页上都会提供卖家的联系方式，要针对你所需要的产品进行咨询，一定要问清楚后再决定买否，千万不要自己想当然地认为差不多。决定购买之后，最好是通过支付宝、安付通之类的能保护买家利益的方式支付货款。初次网购时，最好不要从银行直接汇款，还有就是要注意保存证据，比如图片或是聊天资料等，以免日后有问题时处理起来麻烦。

再有就是找信誉好的卖家，多看看他所得的那些好评是否为他所售的同类商品。防止信誉是通过炒作或是其他不正当手段得到的。

另外，还要学会选择物流方式，因为会有运费差异。如果是快递，就一定要有单号，方便自己查询。视不同的快递公司，一般 1～5 天会到。如果在快递网站上查不到相关信息或是超过 5 天没有到货，就必须和卖家联系，要求其给个答复。如果联系不上或是不给明确答复的，记住一定要申请退款！因为一般卖家在网上填写发货单后，一定时间内会自动确认收货的，等自动收货后处理起来就会很麻烦了。

收到货时，不要急于签收，一定要当面开包检查一下是否与卖家说的产品一致，是否有破损等。有的快递公司必须先签字再开包，也一样。如果货不对版，就坚决拒收！

温馨提示

网购已经成为大学生消费的一种新方式，经济实惠和方便快捷是它的主要优点。

一分价钱一分货，网购时最好货比三家，一味贪便宜可能得不偿失。

要选择知名的大型购物网站和信誉好的商家，这些才会减少落入网购“陷阱”的风险。

5. 在虚幻中迷失

——如此沉溺真可怕

你是一张无边无际的网，轻易就把我困在网中央。我越陷越深越迷惘，路越走越远越漫长。

——张学友

小徐是某重点大学二年级的学生，大一时一次偶然的上网经历让他从此沉迷网络游戏而不能自拔。“那时刚上大学没几个月，有天晚上同学们在宿舍没事干，有人提议去上网，结果大家就跟着去了。”小徐回忆起第一次上网的情形依然历历在目，“在网吧里看到好多人玩游戏，我也尝试着玩玩，发现挺有意思的，一下玩了两个多小时。回去后，心里一直痒痒，觉得不过瘾，没几天，晚自习时又跑到网吧去了。”“从这学期开始，我几乎不上课。白天在宿舍睡觉，晚上去网吧上网。”“因为晚上包夜便宜，从晚上 11 点到第二天早晨 7 点只要 5 块钱，而白天 1 个小时就 1 块多钱。”为了挤出上网的钱，小徐常常一天只吃中午和晚上两顿，并且都是泡面或面包之类的便宜食品。“饭可以不吃，但网不能不上。”

沉迷网络不能自拔让小徐在虚拟世界里过五关斩六将，获得快慰和满足；但在现实的世界中成绩却一路下滑，到这学期末已经有

7门功课“红灯高悬”，拖欠学分高达21分，直逼学校规定的25分降级警戒线。

2007年中科院心理研究所在全国13所高校的调查显示，大学生网络成瘾问题日趋严峻，中断学业的大学生中有80%都是因为网络成瘾。据某大学有关人士介绍，该校在读学生中因为网瘾问题导致学分不达标的情况也越来越多。2004～2007年，在读学生中转年级、休学、退学的学生人数每年都在180人左右，其中80%都是由网瘾造成的。

上网选课、查资料、在线聊天、网游……在如今的大学校园里，如果你不会用电脑，没有上过网，那无疑会被认为是落伍了。网络无边，已经结结实实地“网”住了象牙塔，成为大学生学习和娱乐不可或缺的重要工具。

但是网络在为大学生洞开了一扇便利之门的同时，“网络成瘾”的危害也正日益成为家长和老师头疼的问题。“寒窗苦读二十载，一朝却被网络害”成了许多因沉溺网络而葬送学业的大学生的真实写照。

大学阶段本应该是大学生们学习科学文化知识的黄金时期，但有些大学生一旦沉迷于网络游戏之后，便耗费了他们大量本应用于学习、休息和课余活动的时间，严重影响了他们正常的学习和生活，造成严重分心，学习兴趣下降，学习目标丧失，上课注意力不集中，厌学，导致迟到、早退、旷课现象频频发生，造成学习成绩下降、多门课程不及格、毕业时拿不到学位，甚至无法毕业。

网络游戏生动、刺激，又有一定的知识性和不可预测性，满足了大学生强烈的求知欲和好奇心；其互动性为大学生提供了一个沟通、交流的渠道，满足了大学生结交朋友的需求；其虚拟性、可重复性、游戏规则和秘籍设计使大学生能够摆脱现实世界的束缚，完成现实生活中不可能完成的事情，体验到一种成就感；其平等性给大学生创造了一个平等交流的平台，满足大学生渴望得到尊重的需求。

大学生面临学习压力、就业压力、情感压力、人际交往压力等多种压力，这些压力是我们必须面对的挑战，由于大学生的自身素质、抗压能力和抗挫折能力有差异，一部分大学生在竞争中失败后，尤其是那些性格内向、不善于排解压力的大学生，选择逃避现实、追求网络游戏带给他们的满足感。在游戏中他们可以彻底摆脱现实世界中的压力，尽情地表达自我，使受挫心理得到安慰。渐渐地网络游戏成了他们排解孤独、抑郁的场所，成为他们的心理依赖。

那么，我们如何判断自己是否上网成瘾呢？比照以下标准，便可自我诊断。

1. 每天起床后情绪低落、头昏眼花、疲乏无力、食欲不振或神不守舍，而一旦上网便精神抖擞，百“病”全消。

2. 上网时表现得神思敏捷、口若悬河，并感到格外开心；一旦离开网络便语言迟钝、情绪低落、怅然若失。

3. 只有不断增加上网时间才能感到满足，从而使得上网时间失控，经常比预定时间长。

4. 无法控制上网的冲动。

5. 每当看到一个新网址时，就会心跳加快或心律不齐。

6. 只要长时间不上网操作就手痒难耐。有时刚刚离开就有又想上网的冲动。有时早晨一起床就有想上网这种欲望，甚至夜间趁小便之机也想打开电脑。

7. 不能上网时便感到烦躁不安或情绪低落。

8. 平常有不由自主敲击键盘的动作，或身体有颤抖的现象。

9. 对家人或亲友隐瞒迷恋网络的程度。

10. 因迷恋网络而面临失学、失业或失去朋友的危险。

如果有以上标准中 4 项或 4 项以上表现，且持续时间已经达 1 年以上，那么就表明你已经网络成瘾了。

如果你有点上网成瘾，那可要注意了，网络成瘾危害是很大的！

晚11时，孙某和一位同学来到一家网吧上网。一整夜，孙某沉浸在网络游戏中，连厕所都没去。清晨6时许，孙某突然大汗淋漓、不停抽搐，接着顺着椅子歪倒，躺到地上，全身僵硬。网吧的网管刘某和黄某发现后，马上紧急救治：黄某掐住他的人中，刘某进行按摩。十几分钟后，孙某逐渐苏醒。

长时间无节制地玩网络游戏对大学生的身体健康是一种严重的摧残。长时间看着电脑屏幕，视力会受到极大的破坏，会感到眼花、眼干、眼涩、眼胀，严重的还会导致角膜炎和视网膜脱落。长时间保持坐姿，会引发颈椎和腰椎病，破坏身体的运动能力和协调性。长时间玩网游，大脑处于高度亢奋状态，又得不到休息，可能出现神经衰弱，体内激素水平失衡，使免疫力下降。更极端的可能导致猝死，近年来在校大学生因长时间上网玩游戏而导致猝死的事件已经很多，触目惊心。

2006年6月10日，天津宝坻区青年女工李某早晨独自一个人骑自行车去工厂上班，途中一名男青年突然蹿出将其撞倒，后又持锋利的尖刀将其逼到路边玉米地中。李某被抢走随身携带的50元现金和手机，以为能脱身，未曾想对方又开始用刀威胁她脱衣服。李某奋力挣脱跳入河中，得以逃脱。没过多久，又有一名女青年吕某在上班途中被以同样手段劫走手机一部……

案件破获后，使大家遗憾的是作案人是一名刚考入重点大学，等待入学的高中毕业生。作案人张某交待自己一直喜欢去网吧，就是在高考冲刺阶段还偶尔逃课去上网，并且经常浏览色情网站。高考结束后，他想要好好泡在网吧发泄一下，网上各类色情内容更是让他想入非非、不能自拔。为了弄到上网的钱，他想到了抢劫，并将目标瞄准了单身女性。抢劫成功后，为了发泄长期被网上色情信息挑起的欲望，他又迈出了罪恶的另一步。

在网络游戏的虚拟世界里，没有国家，没有政府，也缺乏法律和道德约束，大学生可以以虚拟的身份在这个世界中自由发挥、任意行为，这很容易淡化大学生的责任、诚信及法律意识。网络游戏中充斥着严重的暴力情节，甚至是色情淫秽的内容，长期浸淫于这种环境之中，对于他们的法律意识有着严重的影响。在网络游戏中，大学生们可以组成行会、帮派，为了争夺宝物、换取积分，他们可以在游戏中随意地杀掉其他人。久而久之，大学生看到的都是一些残酷、无情、自私、冷漠的个性，可能造成道德缺失、法律意识淡薄、人性扭曲，甚至走上犯罪的道路。

我是一个大学生，按照一般人的看法应该是名牌大学的学生。从大一开始，我便开始去网吧(现在大三)，耽误了正常学习。我自己非常想改，但是每到夜里10点半的时候，在宿舍里就坐不住了。宿舍12点熄灯，在这期间，我总是想去网吧，去了就玩一夜，然后白天在宿舍睡觉。上网成瘾导致我的学习成绩非常差，考研也考不上，复习的时候根本看不进去。我现在想戒掉网瘾，自己思考过这问题好久，也试图改变。可是效果都很差。我到底该怎么办？

那么，如何戒除网瘾呢？

正视危害。沉迷于上网，尤其是沉迷于黄色网站和网络游戏，危害极大。它会使人迷失于虚拟世界，自我封闭，与现实世界产生隔阂，严重影响学习，甚至中断学业。久而久之，还会影响正常认知、情感和心理定位，导致人格的偏离，甚至发生意想不到的可怕后果。有的因上网成瘾，神情恍惚、人格扭曲、无心读书、中途辍学；有的因无钱上网，拦路抢劫、偷窃财物，导致违法犯罪；还有的连续几天几夜泡在“网吧”，不思食寝、过度疲劳、猝死“网吧”。即使上网没有成瘾的人，如果每天12个小时坐在电脑面前，很可能会让自己少活10年以上时间。

以新代旧。在戒除某种习惯时，这种习惯仍有很大的诱惑力，这是正常的心理现象。有心理学家把这种情况比喻为冲浪者所面对的阵阵波浪。这种诱惑的“波浪”虽然会出现，但在3～10分钟内就会自行消退。在“波浪”来时，可事前考虑如何运用“冲浪技巧”。

在戒掉“网瘾”的一段时间内，个人的情感需要并未结束。此时，需要用一种新行为、新方式来替代老习惯所产生的满足感。对于上网成瘾或者是正在戒网瘾的大学生，要注意培养新的爱好和习惯，要多参加一些自己喜欢的活动，多做一些自己感兴趣的事情，用自己的新行为和新习惯来代替上网习惯，冲破网瘾诱惑的阵阵波浪。

科学安排。发达国家将每天上网超过 4 小时，称为网瘾。预防或戒除网瘾，很重要的在于自己能科学合理地安排上网时间和内容，尤其要为自己约法三章：一是控制上网时间。每周最多 2～3 次，每次上网的时间一般不超过两小时，且连续操作 1 小时后应休息 15 分钟。尤其是夜晚上网时间不能过长，就寝前一定要提前回到宿舍，按时睡觉。二是限制上网内容。每次上网前，一定先明确上网的任务和目标，把要完成的具体任务和内容列在纸上，按需点击，不迷恋网络游戏，坚决不上黄色网站。三是准时下网。上网之前，根据任务量限定上网时间，时间一到，马上下网，不找任何借口，不原谅自己，不宽容自己。

请人监督。戒除“网瘾”，寻求别人的支持和帮助非常必要。最好的办法是找到一个人帮助你克服这个问题。这种支持可来自同学、老师、朋友和家人，可先向他们讲明自己控制上网的计划，请他们监督；当“网瘾”出现时，请他们及时提示，帮助克服。平时的活动，要多与学习好的同学在一起，与他们一起上课，一起自习，一起交流，在他们的带动和帮助下，有助于你淡化网瘾，把精力集中到学习上。当你取得一点小成功时，比如已经按计划实行一周，不妨对自己进行奖励或暗示，学会为自己加油。

预防为主。对于大学生来说，一旦患上网络成瘾症，要戒除很困难。因此，预防是治疗上网成瘾的最好良方。丰富日常生活，平时积极参加社会、学校等方面举办的各种有益活动，注意培养自己良好的兴趣、爱好；多与家长、老师和同学交往沟通，获得心灵上的慰籍与成长。及时遏制上网有瘾的苗头，当你出现上网有瘾的苗头时，立即采取有效措施，及时控制自我，决不宽容自己，以防止上网成瘾症发生。

寻求帮助。当你自己无法解决上网成瘾问题时，一定要积极主动地寻求专业人员的帮助。一是可以找心理咨询师进行个体咨询，他们会帮助你走出上网成瘾的困惑。二是可以参加团体心理训练，这是戒除网瘾的一种很有效的方法。团体训练是多种咨询理论的综合利用，通过丰富多彩的群体互动活动，对你产生感染、促进和推动作用，帮助你改变认知和心态，获得心理上的提升。同时，学会制定自我管理的行为契约，根据目标行为完成与否进行正强化或负强化。这种相互监督的契约是对各自上网态度与行为的承诺。由于这一承诺是在群体中做出的，那么遵守它的动机与压力就相对强多了。因此，参加团体心理训练对于预防或戒除网瘾会有显著的效果。

给一个沉迷网络大学生的信

亲爱的兄弟：

你好！

你现在是不是又在网吧呢？

你可能不认识我，但我们曾经见过面，我就是昨天在网吧里坐在你旁边的那个GG。你大概18岁了吧，是附近一所大学的学生。我比你大6岁，已经上班了，所以姑且以GG自称。我们在网吧里遇见已经不止一次了，这说明我们都喜欢网络这东西。流行的东西总是让年轻人喜欢，不是吗？QQ聊天、CS网络游戏，都是既好玩又简单的东西。说实话，周末的时候我也会痛痛快快地玩个通宵。谁都喜欢玩，在这一点上，我们相同。

兄弟，我第一次见到你的时候，你正在用QQ聊天。你常常哈哈地笑，引得我好奇地看了几眼。你有好几个QQ号码，每个上面都有许多女孩的头像不停地闪动，把你忙得不亦乐乎，你打字的速度可真够快的。

后来见到你的时候，你在CS上拼杀，你一个人狙击竟然干掉了4个。你的手法、枪法和意识都是一流的，既狡猾又凶狠，是名副其实的悍匪。

再后来，你开始玩网络游戏。你的ID是傲血浪子，配上你炫目华丽的装备和50级的高级别，绝对是江湖上人见人怕的PK之王。

每次我来的时候，你已经在了，可我走的时候你还没有走。我吃饭的时候你还在饿着，我累了的时候你还在聚精会神。兄弟，我得承认你比我玩得好，玩得比我投入、比我痴迷，已经把全部心思都投入进去了。

可是，看着你日渐疲倦的眼神、日渐苍白的脸色，我有些替你担心起来。

如果我是你，我会组织一些联谊宿舍野外烧烤的活动，和女同学们建立友谊，面对面地和异性交流，开开心心地聊天唱歌，而不仅仅在QQ上。

如果我是你，我会和班上的运动健将们一起合作，在篮球比赛里打败对手，夺回系里的冠军，争得集体的荣誉，而不仅仅在CS上各自为战，夸耀自己的胜率。

如果我是你，我会在校园的BBS上发表自己的观点，发起良好的倡议，在校园主持人大赛里崭露头角，让同学和老师们刮目相看，而不仅仅用网游里的级别和装备来证明自己的优秀。

如果我是你，我会把父母寄来的生活费，每月存上一些。这样，在毕业的时候就能买一部手机，买一身笔挺的西服，方便自己找工作，而不仅仅把生活费全部捐给网吧或者买网游的点数卡。

如果我是你，我会下载一些经典的电影，激发思考，振奋斗志，或者常去学习网站转转，了解四六级考试的心得，关注考研的动向和就业行情，而不仅仅留连于那些成人笑话和情色视频。

兄弟，你刚上大学，还有几年的时间。这个年龄的你，贪玩并不为过。网络是供我们消遣的工具，供我们交流的平台，供我们求知的窗口。虽然它五光十色，但是并不值得你沉迷其中。大学时代是美好的，如果在你的大学记忆里，只剩下通宵达旦地泡在网上拼杀的话，你不觉得少了些什么吗？

设想一下，如果你为了自己的号多升几级而补考、重修、留级，甚至拿不到毕业证而后悔的话，那么，你的智慧和才华用什么来证明？

如果你因为耽搁了学业，毕业时找不到一个好工作，郁闷地委身于收入低微、发展机会渺茫的公司，那么，你的野心和梦想用什么来实现？

如果你因为沉迷网络，放弃了求知、放弃了上进心、放弃了对成功的追求的话，怎么会有一个好女孩钟情于你，那么，你的爱情和憧憬用什么来见证？

我亲爱的兄弟，你可曾想过？

在网络上，你可以和很多 MM 尽情说笑，但是却找不到实实在在的爱情。

在网络上，你可以骄傲地在虚拟城堡里游走，但是却得不到现实中人们的认可。

在网络上，你可以天马行空，坐拥亿万游戏币，但是对自己未来的身价却一无所知。

我亲爱的兄弟，你可曾想过？

我的兄弟，请原谅 GG 提起了这些沉重的话题。别紧张，也别担心，你只是有那么一点贪玩而已。相信我，你是那么聪明、那么年轻、那么激情四射，既然你能在虚拟世界里纵横驰骋，你同样也能在现实生活中大展宏图，关键是，你想试试吗？

就写到这里了，记得早点下机，舒舒服服地睡一觉。什么时候想通了，周末还到这个网吧来，我们单挑一局！

祝你开心！

你的 GG

电脑学习

大二时候宿舍第一个装了电脑……

温馨提示

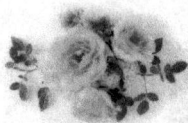

沉迷于上网，尤其是沉迷于黄色网站和网络游戏，危害极大。

“寒窗苦读二十载，一朝却被网络害”成了许多因沉溺网络而葬送学业的大学生的真实写照。

当你自己无法解决上网成瘾问题时，一定要积极主动地寻求专业人员的帮助。

6. 给自己戴一顶“紧箍咒”

——别拿网络道德不当回事

对一个人的评价，不可视其财富出身，更不可视其学问的高下，而是要看他的真实的品格。

——培根

中国最受欢迎的游戏网络社区BBS上贴出一篇洋洋洒洒5000字的长文，一个ID叫“锋刃透骨寒”的丈夫在帖子里，谴责ID为“铜须”的人与其妻有染，破坏了其原本美满的家庭。顷刻之间，成千上万的网友加入谴责行列，被许多资深的中国网友称为“2006年最具轰动性的网络事件”，亦对网络引发的种种问题提出道德拷问。一名网友写道：“让我们用手中的键盘和鼠标作为武器，砍下通奸者的头颅，为丈夫讨回公道。”仅仅在数天之内，声援的网友从数百人增加到数千人，接着增加到数万人，那些完全陌生的网友们组成小分队，追查当事人的真实身份，并在网上公布出“铜须”的姓名、手机号、照片等。同时，网友采用发帖、谩骂等方式声讨24岁在校生“铜须”，并有网友发布“江湖追杀令”，呼吁社会封杀“铜须”……

为什么每个个体都是安善良民，但当他们聚合在一起，却可能变成一群暴徒？真正的原因在于：个人融入群体而产生的安全感，

使得他们倾向于放纵自己的行为，而且固执地认为自己的行为不会受到惩罚。法不责众的古训也许是对此最好的诠释。网络匿名的特点恰恰契合了这种大众心理的隐喻，甚至比现实生活中有过之而无不及。毕竟，相对生活中的谣言传播者，网络讨伐大军中的个体彼此也是“匿名的”，风险相对于现实生活中更小。更何况，在参与网络讨伐的个体中，“替天行道”还是他们名正言顺的讨伐理由。

但是通过网络技术，网络匿名讨伐者并不“安全”，他们的个人信息是可以被查到的。这种情况下，为什么还有那么多的人热衷于网络讨伐？难道没有人顾及自己可能面临的风险？——比如诽谤、侵犯他人隐私等。网络民意调查结果也显示，网民们强烈声讨的“网络 10 大罪状”的第 3 条就是网络谣言。

网络谣言的传播，有其深刻的根源。在很多网民看来，互联网是一个“自由”、“平等”的世界，在这里没有政府、没有警察、没有等级、没有贵贱，是一个彻底“民主”的地方、一个可以滥用自由权利的地方，这就导致了道德虚无主义在网络社会的泛滥。在网络社会中，人人都把自己作为中心，反对任何约束，为满足自己的生理和心理欲求而不择手段。因此，缺乏“熟人在场”的虚拟网络为人们的“本我”提供了一个暴露的舞台，使“本我”意识得以充分张扬、为所欲为、无法无天。

我们要懂得，网络世界是与现实世界相对的虚拟空间，却并不是道德、法律的真空地带。造谣者、传谣者并不一定都是敌对分子，但在一定意义上却是法律和道德意识低下者。网络的匿名性使他们摆脱了现实生活中的道德束缚和法律制约，倾向于极端、放任和不负责任。他们同样没有意识到，任何一个网民，如果不能守住立身做人的底线，不仅在现实世界会遭人唾弃，在虚拟世界同样不会有立足的空间。

网络上流传着一种名为“人品计算器”的测试软件，虽然版本众多，但其操作方法如出一辙：输入姓名，然后点击“计算”栏，接着就获得人品分值和相应的人品评价。如果把“雷锋”输入计算器，得到的结果却是：雷锋，人品得分：2；评价：算了，跟你没什么人品好谈的……”按照这个计算器的算法，岳飞人品不敌秦桧，武松人品不敌西门庆，孙悟空人品不敌白骨精……

尽管软件的制作者特地标明“仅供娱乐参考”，但他忽略了未成年人并不具备成年人的辨别力和判断力。“人品计算器”本身就是“恶搞”，却有相当一部分青少年通过网络在接触它，误以为是科学的计算成果。这些低俗无聊的“恶搞”，对未成年人树立正确的人生观、价值观，肯定会产生潜移默化的不良影响。

关于网络捐助的炒作真不少。有一个大学生卖身救母的，接着就涌出无数个救父、帮兄，甚至自救的。炒到最后，在事件里耗费了大量财力、精力和情感的网友们，不过是一阵乱战里的棋子而已。

网民第一次看到《馒头血案》时，拍案叫好。然而，此后铺天盖地的“恶搞”，让他们彻底倒了胃口。潘冬子是个做明星梦的傻孩子，雷锋竟然死于帮人太多，董存瑞、鲁迅、岳飞……大量正面人物，经过剪贴组合，都以“恶心不搞笑”的形象，在网络里泛滥。

女歌星生子，媒体能从怀孕、生子，一直报道到婴儿的身体；老少配，各种冷嘲热讽的新闻满天飞；暴力案件，细节被当作卖点，充斥着耸人听闻的描写……

网络炒作、网络恶搞，有人认为它迎合了时下年轻人的娱乐品位，并且是他们减压的有效手段。对这一说法，许多年轻人不以为然。“以为当代年轻人的品位就是追求‘恶搞’，实在是看低了我们。”复旦大学新闻系研究生杨朕宇说：“高校里举办的名家讲座，经常人满为患。城市里开办艺术展览，观众络绎不绝。年轻人还是渴望和追求高雅的。现在网络上大量的‘恶搞’，不过是一堆打着文化旗号的粗俗垃圾。”文化是有门槛的，搞笑是有道德底线的。恶搞最大的受害者是未成年人，他们正处于身心成长发育期，对很多是非曲直辨别不清。有一些成年人看了只会一笑的东西，却会给未成年人或身心不够成熟的大学生带来价值观的模糊与混淆。

大一新生小王：现在的网络太复杂，真假难辨，什么事情都有，什么不可思议的人都粉墨登场。感觉这个社会也太复杂了，对人对事都不是很信任了，但是生活中又离不开网络。我们上网时，该注意什么呢？

对于健康安全上网，我们的建议是：

在网上不要给出能确定身份的信息，包括家庭地址、学校名称、家庭电话号码、密码、父母身份、家庭经济状况等。如需要给出，一定要征询父母或好朋友的意见。

不要自己单独去与网上认识的朋友会面。如果认为非常有必要会面，则到公共场所，并且要父母或好朋友陪同。

如果遇到有脏话、攻击性、淫秽、威胁、暴力等倾向，使你感到不舒服的信件或信息，请不要回答或反驳，但要马上通知服务商。

要明白任何人在网上都可以匿名或改变性别等。一个给你写信的“12岁女孩”可能是一个40岁的先生。

记住，你在网上读到的任何信息都可能不是真实的。

当你单独在家时，不要允许网上认识的朋友来访问你。

经常与父母沟通，让父母了解自己在网上的所作所为。如果父母实在对计算机或互联网不感兴趣，也要让自己可靠的朋友了解，并能经常交流使用互联网的经验。

上网时，也要注意自己的言行，提高网络道德水平。浏览先进文化网站，陶冶高尚网络品德。从网络上获取先进的思想观念、审美趣味、生活方式、学术视野、为人处事、文化礼仪，不断提升自己的道德修养和人生境界。

记住人的存在。互联网给来自五湖四海的人们提供了一个相聚的平台，这是高科技的优点。但往往也使得我们面对着电脑屏幕时，忘了我们是在跟其他人打交道，我们的行为也因此容易变得粗劣和无礼。因此，上网时时刻记住“人的存在”。如果你当着面不会说的话，在网上也尽量不要说。

网上网下行为一致。在现实生活中大多数人都是遵纪守法的，同样地在网上也应如此。网络道德和法律与现实生活是相同的，不要以为在网上与别人打交道就可以降低道德标准。

入乡随俗。同样是网站，不同的论坛有不同的规则。最好的建议：先“爬一会儿墙头”再发言，这样你可以知道论坛的气氛和可以接受的行为。

尊重别人的时间和带宽。在提问题以前，先自己花些时间去搜索和研究。不要以自我为中心，别人为你寻找答案需要消耗时间和资源。

给自己在网上留个好印象。因为网络的匿名性质，别人无法从你的外观来判断。因此，你的一言一语都有可能成为别人对你印象的唯一判断。如果你对某个方面不是很熟悉，找几本书看看再开口，无的放矢只能落个灌水王帽子。同样地，发帖以前仔细检查语法和用词。不要故意挑衅和使用脏话。

分享你的知识。除了回答问题以外，当你提出一个有意思的问题而得到很多回答，特别是通过电子邮件得到的，最好写份总结与大家分享。

平心静气地争论。争论与舌战是正常的现象。要以理服人，不要人身攻击。

尊重他人的隐私。别人与你用电子邮件或私聊的记录应该是隐私的一部分。如果你认识某个人用笔名上网，在论坛未经同意时而将他的真名公开也不是一个好的行为。如果不小心看到别人打开电脑上的电子邮件或秘密，你也不应该到处传播。

温馨提示

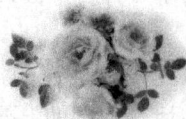

网络世界是与现实世界相对的虚拟空间，却并不是道德、法律的真空地带。

文化是有门槛的，搞笑是有道德底线的。

上网时，也要注意自己的言行，提高网络道德水平。

第六章　就业篇

——世界终归是你们的

1. 别把实习当浮云

——兼职和实习

纸上得来终觉浅，绝知此事要躬行。

——陆游

清明三天小长假，某市部分大学生们也没有闲着。他们来到景区，放下大学生“身价”做兼职赚钱。前日，在牡丹园内，正在卖臭干子的大学生陈卓笑称：“这样的假期过得值。”陈卓是某高校国际贸易专业的学生，记者见到她时，这位打扮入时的小姑娘正和其他两位女同学一起熟练地给游客装臭干子、放香菜等。记者了解到，仅仅在这一个景区，就有差不多上百位做兼职的学生。其中，有卖花的，有扮小丑的，有给游客画速写的。

小陈同学是大一新生，家境一般，进入大学后看见周围的女同学都衣着光鲜，十分眼红。为了赚钱给自己买“奢侈品”，她开始到处做兼职。她发过传单、做过家教，后来觉得这些工作都太辛苦，收入又少。她又找到一份酒吧的工作，每天晚上出去凌晨回来。第二天同学们上课时，她就在寝室睡觉，跟同学的关系也变得疏远。由于没有精力学习，小陈的学分远远落后于其他同学，需重修的课程一大堆。

大学生是高知识群体，在拥有“知识财富”的同时，也要有市场意识，在实际生活中逐渐学会把知识变成有形的物质财富。

兼职工作有得也有失，“得”主要体现在兼职工作都是有经济补偿的社会实践活动，很多在读大学生的目的亦是通过兼职工作获得一定的经济收入，改善自己的学习与生活条件，帮助自己更好地完成学业。与此同时，在兼职工作中，学生可以将专业所学的知识与现实的需要、最新的科技发展紧密地结合在一起，促进对知识的不断深入理解。还有许多知识是在学校里学不到的，现在社会需要的人才不仅要有扎实的专业知识，亦要有很高的综合素质，兼职工作正好提供了解社会、丰富知识的良好时机。此外，有助于品德与人格的升华。兼职工作不是很容易的事情，需要付出辛勤的汗水，需要不屈不挠的精神，有时可能还要遭受别人的白眼、讥笑和冷遇，经历无数次的失败。这对大学生，特别是对培养独生子女一代尤其重要。从获得的“艰难”中学会尊重他人，尊重他人的劳动成果，培养坚强的毅力和百折不挠的精神，增强心理承受能力，这对大学生踏上工作岗位后的良好发展起到奠基作用。

“失”则在于时间和心理两个方面。做兼职必然要占用一些时间，而这些时间可能是可以用来做自己更想做的事情的，比如学习、读书、充实自我，或者更多地和同学们在一起增进友谊等。除了花费时间和精力之外，过重的兼职负担还可能造成心理疲劳，使心理得不到足够的放松和休息。

因此，大学生兼职一定要适度，不能片面地看到兼职的积极作用，置过度兼职的负面影响于不顾，在学业之外使自己背上沉重的工作负担。家庭经济条件不太好，需要做很多兼职才能缓解经济困难的同学，不妨尝试通过其他途径获得经济资助，比如申请助学贷款、助学金、学费减免等，还可以通过在学业上和班级里的出色表现为自己赢得奖学金。总之，应该善待自己、学业为先、适度兼职。

做家教是大学生最为常见的一种打工方式。对于大学生来说，做家教不仅能赚取劳动报酬，还可以接触社会，参加社会实践，取得良好的社会效益和经济效益。只要不影响自己的学习任务，可谓是一举两得的好事。不过，大学新生不要以为做家教是一件十分轻松的事情。要想取得良好的效果，不仅要付出艰辛的劳动，还要有良好的沟通和交流能力，这样才能吸引你的学生，取得双方都比较满意的效果。

自由撰稿人是目前大学生中比较普遍的课余职业。对于一些文笔流畅、才思敏捷的学生来说，为报纸杂志甚至某些网站当撰稿人也是一个很不错的选择。“妙笔生花”带给他们的是相当可观的生活费。当然，要分得这杯羹也并非人人唾手可得。这需要有一定的文采或相关的专业知识背景。现在的撰稿人除了中文系那些文采飞扬的学子外，经济和法律等热门专业的学生也很受欢迎。有些报纸和杂志的专业版面需要他们有相关的背景知识来写专题文章，自由撰稿人要写的也并非单纯的抒情表白文章。

能做翻译的主要是外语专业的学生或者英语水平较高的硕士生、博士生。翻译的报酬有高有低，口译相对较高，笔译较低。经常会有一些小型公司，需要翻译一些资料或者外事会场服务，可由于公司规模不大，没有专职翻译，就打起了在校大学生的主意。外语有优势的同学在假期往往还有机会接待一些外宾，领着他们游山玩水，参观名胜古迹，事实上成为了导游，这当然也给他们带来一笔收入。

兼职教师与家教不一样，他们一般都是去一些缺乏师资力量的民办学校、小学奥数训练班或者社会上的各种培训班，向几十人的大班级授课。比较容易找到这种机会的主要是英语、计算机和法律等热门专业的大学生。

销售代理可以做各种书籍、手机卡、化妆品、体育用品、游戏周边产品等的校园代理，并从中受益。

并不是每个人都是比尔·盖茨或者拉尔·艾利森，也不是每个人都能遇到他们那样的机会来创办微软和甲骨文。如果把大量精力都放在工作、创业、赚钱上，忽视了基础的培养，到头来很可能会得不偿失、追悔莫及。就连盖茨本人也曾说过，大学生还是应该先毕业再创业。所以，学有余力再做兼职，应该是我们选择兼职工作的准则。

读大三的小陈就读于山东大学新闻系，由于成绩优异，他极有可能大学毕业后直接被保送读研。虽还没有放暑假，但他早已开始让家人与朋友帮他在省城的许多家媒体投了简历，希望有机会到那里去实习。“我读的新闻专业，学校学习的大多是新闻理论知识，但真正的新闻要将理论知识转化为鲜活的新闻事实，我非常期待能获得去省城一些重点媒体实习的机会，这样能让我对新闻有更深刻的理解和运用。”小陈对记者说道。

“虽然读了研，但最终还是要进入社会的，随着就业形势的日益严峻，只有让自己多锻炼才能在将来的求职过程中游刃有余，获得好的工作机会和岗位。”正在读研的小惠说出了自己的实习心声。连日来，她根据自己的专业和兴趣总在留意报纸和人才市场的招聘信息，希望能为自己找到一个满意的实习单位。

“实习”不仅受本科生热捧，对一些在读研究生也同样充满诱惑。采访中，小惠告诉记者，与自己想法相同的同学，身边比比皆是。很多同学在本学期结束前都已提前联系好了实习单位，预备一放假就立刻从学校“转入”单位，忙碌而充实地度过暑假。

实习相对于兼职而言，重要性就大不相同了。毕竟我们上大学的目的之一就是要找一个好工作，到公司实习就是为这一最终目的添砖加瓦。如果所学的是新闻、计算机等需要较强实践能力的专业，实习的重要性更是不言而喻。就像案例中的小陈一样，在实践中学习，学以致用，知识会掌握得更牢固。一些公司、事务所等单位会给同学们提供假期实习的机会，有些公司是为了给公司培养后备人才，有些公司是因为特定时期的业务量太大，需要帮手，会找在校的大学生来帮忙。

在联系实习单位之前，我们要先确定，找什么样的实习单位。

我们要先确定自己未来的目标。良好的开端是成功的一半，在寻找实习单位之前，先确定适合自己的未来目标，弄清楚自己希望从实习当中收获什么，是积累社会经验、见见外面的世界，还是结合自己的学习、提升自己的学术水平，抑或是直接为未来的工作做铺垫。

适合自己的实习才是最好的。大家可以找的实习单位很多，可以选择的岗位也很多，但并不是每个岗位都适合你，一个专业内不同领域方向的差别都很大，如果选择了一个对自己有利的实习单位，就会为未来打下良好的基础。另外，找实习单位也要兼顾自己的兴趣，有兴趣的工作做起来才会有热情。实习工作最好能和自己的专业知识有一定的相关度。如果你对自己的工作一点儿也不了解，不仅自己做起来吃力，用人单位也不会对你产生信任，不会将较重要的工作交给你。第三，实习单位不一定非要是大公司或是有名气的公司。大公司或是有名气的公司有比较完善的岗位责任和约束机制，如果在公司里工作的时间很短，是很难接触到公司的重要内容的。而我们在公司里的实习也就只有一两个月的时间，所以在这种大公司很难有大的提高。但在一些小公司，企业文化、工作氛围等都非常好，很适合新人实习。

在确定了自己的目标后，我们要主动寻找机会。

我们可以动用我们的人脉资源，父母、亲友、老师、学长、亲友等，都是不错的选择。不要以为上了大学，长大了就不需要依靠父母，找父母帮忙并不是说你不独立，而是为了更好地利用资源，找到合适的单位。父母、亲友、老师的社会经验比我们丰富，人脉比我们广，他们能给我们提供更多的机会。而从学长和朋友那里，我们能学到更多的实习经验。

要充分地利用网络。学校 BBS 的求职招聘版上有很多信息。

另外，现在互联网上有很多的兼职网站，像大学生兼职网、上海大学生兼职网、武汉大学生兼职网等，这些网站有着很浓的当地特色，针对性很强，而且机会也很多。

充分利用公共资源。大部分学校都和企业有产学研合作，建立自己的实习基地，通过老师的推荐到实习基地实习，也是一个不错的选择。那里的工作可能和自己的专业更对口，指导老师也能更好地为你指点。

去年暑假，小张在网上看到了一个兼职中介公司的广告，广告上有对方的联系方式。于是，小张就按照广告上的手机电话打了过去。“一个操外地口音的男子接起了我的电话，他自称是公司经理，让我把自己的个人情况用手机短信的方式发给他。”小张回忆说，三四天之后，对方就带来了一个好消息。中介机构告诉小张，现在有一份接待的工作，每小时30元。但要小张马上汇款50元到对方所给的帐号上去。求职心切的小张，也不怀疑，按照对方的要求进行了汇款。汇款当天下午，小张又打手机过去想询问工作的具体情况，但是对方却说老板不在，没办法跟他说具体情况。小张这才感觉情况不妙，于是连续打电话过去，但对方开始不接电话，然后关机，几天之后这个手机号就成了空号。发现受骗之后，小张也曾经去报案，但是因为数额太小，而且没有具体证据，派出所没有立案受理。

有时实习单位并不好找，这让一些不法分子有空子可钻。像小张这样的同学不在少数，为了得到一份实习工作，会误入实习陷阱，既浪费了时间和精力，有时还可能会威胁到你的人身、财产安全。因此，在选择实习单位时，一定要事先核实公司身份，是否具有法人资格、是否有工商部门颁发的营业执照等。再者不要认为实习期只有一两个月就不需要签订协议。

找好实习公司后，接下来就正式进入实习时间了。实习工作的时间一般都不长，实习单位对实习生的要求也不太严，但我们不能因为这样，就对工作随意。实习是大学生走向社会的阶梯，在这次的机会中可能有着下一次的机遇。那种在单位实习后又留在原实习单位的例子有很多，张可就是其中的一个，她在暑期实习时去的是一家全球排名前十的美国公关公司，凭着她对工作的热情和出色的英语水平，实习后得到了老员工和领导的一致好评，并希望她在毕业后能加入到他们的团队之中。

温馨提示

大学生兼职一定要适度。

适合自己的实习才是最好的。

找实习单位要谨慎，保护好自身财产和人身安全，千万不要陷入传销的陷阱。

2. 认识你自己

——职业生涯规划

不识庐山真面目，只缘身在此山中。

——苏轼

范某是西安某知名高校的大二学生，他走进学校的心理咨询室，情绪很低落地告诉老师：经历了一年的大学生活后，他不知道下一步要前往何方，也不知道自己该怎样为未来做准备。每天机械式地上课、吃饭、休闲、看书成了不变的四部曲。同学们分化也很大，准备出国的，整天忙着备战托福、GRE；打算考研的，鼓足了劲天天上自习；还有一些自暴自弃的，游戏玩得天昏地暗。面对现状，范某很迷茫：未来该何去何从？

范某的烦恼其实也是很多大学生的烦恼——无目的的学习和生活，不知道自己要做什么，不知道自己喜欢做什么，也不知道自己能做什么。

老师没有告诉范某能干什么，因为这个问题只有他自己知道。旁人只能从旁边引导他发现自己的能力或优势。“我是谁？”“我是一个怎样的人？”“我喜欢做什么？”“我擅长做什么？”老师让范某思考这一连串的问题。

面对这些问题，他显得有些疑惑。他说，自己从来也没有认真地思考过这些问题，也不太清楚自己究竟喜欢什么，擅长什么，好像各方面都很平平。老师告诉他，如果你对自己不是很了解，又怎么能知道未来什么样的工作适合你呢？于是，老师拿出一张白纸，让他在10分钟内写出20个“我是……”，再花20分钟的时间列出10个发生在他生命不同阶段的成功事件，并和他一起进行了分享和交流，帮助他认识自己。

在完成自我认知后，老师给范某布置了家庭作业，通过查阅资料、生涯人物访谈等来进行自己的职业探索。

职业生涯规划，是指把个人发展与组织发展相结合，对决定个人职业生涯的个人因素、组织因素和社会因素等进行分析，制定有关对个人一生中在事业发展上的战略设想与计划安排。

这里所说的职业生涯规划，也就是我们常说的如何把“我想做的事情”与“我能做的事情”有机结合起来，在社会的需求下如何实现的问题。它不是社会或学校强加在个人身上的实施方案，而是个人在自身内动力的驱使下，结合社会职业的要求和社会发展需要给自己制定的个性化实施方案。

职业生涯规划要求你根据自身的兴趣、特点，将自己定位在一个最能发挥自己长处的位置，从而最大限度地实现自我价值。它实质上是追求最佳职业生涯的过程。

具体到大学生来说，大学生职业生涯规划，是指大学生个体与组织相结合，对决定个人职业生涯的主客观因素进行分析、总结和测定，初步确定事业奋斗目标和实现这一目标的职业，并编制相应的学习、教育和培训计划，对每一个步骤的时间、顺序和方向做出合理安排和实践的过程。

一般来讲，职业生涯规划包括确立志向、准确评估、选择职业、确定职业生涯路线、设定职业生涯目标，制定行动计划与措施、执行、评估与反馈等几个步骤，具体到大学生来说，可以采取“五步

求职利器　　大学生毕业求职，有些武器是求职成功的重要因素…

武器一：大型项目经验

*该武器杀伤力大，基本成功

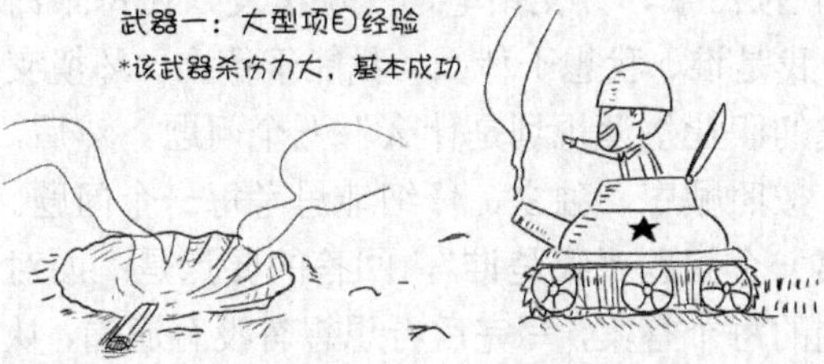

武器二：各种奖学金

*重要武器，可令简历有亮点

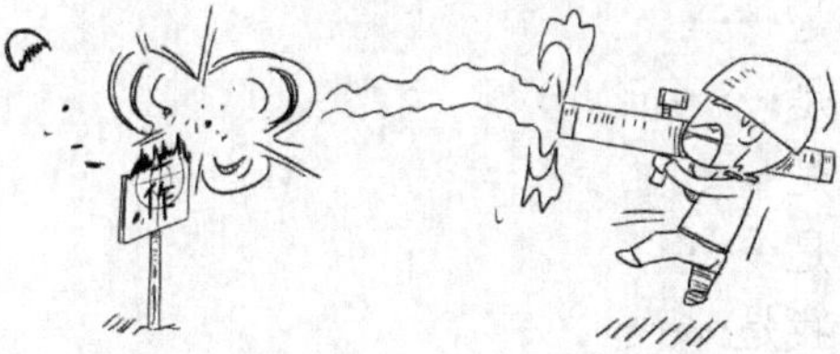

武器三：各种资格证书，四六级

*辅助性武器，针对岗位可能有奇效

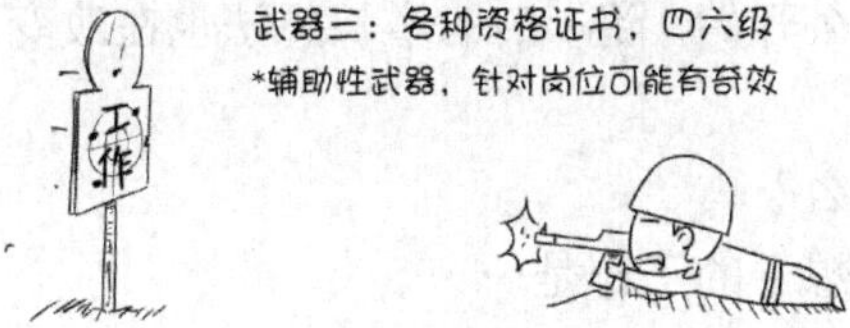

武器四：毕业证

*基础性武器，总好过没有

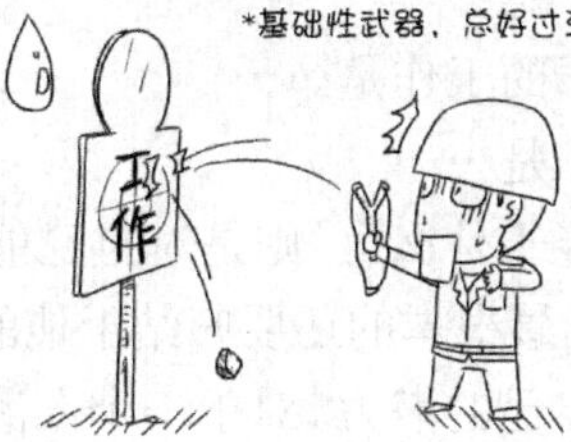

归零”思考法，从问自己是谁开始，一路问下去，一步一步明确自己未来的职业生涯规划。具体做法如下：

取出五张白纸、一支铅笔、一块橡皮，在每张白纸的最上边分别写上“我是谁、我想干什么、我能干什么、环境支持或允许我干什么、我的职业生涯规划是什么”五个问题。然后，静下心来，排除干扰，按照顺序，独立、仔细地思考每一个问题。

对于第一个问题“我是谁”，回答的要点是：面对自己，真实地写出想到的每个答案，写完后再想想有没有遗漏，认为确实没有了，再按重要性进行排序。

我是谁？

我的性格是……

我的能力是……

我的理想是……

我的未来是……

别人认为我是……

第二个问题“我想干什么”，可将思绪追溯到孩童时代，从初次萌生想干什么开始，随年龄的增长想法也在改变，再认真地进行排序。

我想干什么？

我小时候想干的工作是……

我中学时想干的工作是……

我现在想干的工作是……

我的父母希望我干的工作是……

我一定要干的工作是……

第三个问题“我能干什么”，则是对自己能力与潜力的全面总结。一个人职业的定位最根本的还要归结于他的能力，而职业发展空间的大小则取决于自己的潜力。对于一个人潜力的了解应该从下面几个方面着手去认识，如对事情的兴趣、做事的韧劲、遇事的判断力，知识结构是否全面、是否及时更新等。

我能干什么？

我小时候曾干成的事情是……

我中学时曾干成的事情是……

我大学时曾干成的事情是……

我认为我能干成的事情还有……

别人认为我能干成的事情有……

对于第四个问题“环境支持或允许我干什么”的回答则要稍做分析。环境有本学校、本城市、本省，自小到大，只要认为自己有可能借助的环境，都应在考虑的范围之内。在这些环境中，认真想想自己可能获得什么支持和允许，弄明白后一一写下来，再以重要性排序。

环境支持或允许我干什么？

我所在的寝室支持或允许我做的是……

我所在的班级支持或允许我做的是……

我所在的学院支持或允许我做的是……

我所在的学校支持或允许我做的是……

我所在的城市支持或允许我做的是……

将前四张纸和第五张纸一字排开，然后认真比较第一至第四张纸上的答案，将内容相同或相近的答案用一条横线连起来，你会得到几条连线，而不与其他连线相交的又处于最上面的线，可能就是你最应该去做的事情。这样，第五个问题“我的职业生涯规划是什么”就有了答案，你可以将之誊抄在第五张纸上。

某高校电子专业学生的职业生涯规划示例

1. 回答我是谁

某重点高校计算机专业毕业生；优秀学生干部，学习成绩优秀，英语过国家六级；辅修过心理学、管理学；参加过高校演讲比赛，拿过名次；家庭状况一般，父母工作稳定，身体健康，暂时还不需要有人特别照顾；自己身体健康；性格上不属内向，但也不是特别活跃，喜欢安静。

2. 回答我想干什么

我很想成为一名老师，这不仅是儿时的梦想，而且一直是我的兴致所在；其次可以成为公司的一名技术人员；如果出国读管理方面的硕士，回国成为一名企业管理人员也是可以接受的。

3. 回答我能干什么

做过家教，虽然不是自己的专业，但与孩子交流有天生的优势，当自己带的学生成绩进步时很有成就感；当过学生干部，与手下人相处比较好，组织过几次有影响的大型活动；实习时在公司做过一些开发，虽然没有大的成就，但感觉还行。

4. 回答环境支持或允许我干什么

家里亲戚推荐我去一家公司做技术开发；GRE 考得还可以，已经申请了国外几所高校，但能不能有奖学金还很难说，况且现在签证比较困难；去年曾有几家学校来系里招聘，但不是当老师，而是要去学校做技术维护，今年不知会不会有学校再来招聘教师；有同学开了一家公司，希望自己能够加盟，但自己不了解这个公司的具体业务，也不知道它有多大的发展前途。

5. 回答我的职业生涯规划是什么

可能的选择有四种：

(1) 到一所学校当老师，自己有这方面的兴趣和理想，在知识和能力方面并不欠缺。在素质教育大趋势下，与师范类专业相比，自己有专业方面的优势，讲授知识时可以让学生了解更多的专业前沿知识，特别是目前计算机在中学生中有了相当的普及和基础，并且自己有信心成为学生心目中理想的好老师。不足的就是缺乏作为一名教师的基本训练和一些技巧，但这可以逐步提高。

(2) 到公司做技术人员，收入上会好一些，但通过这几年的发展来看，这一行业起伏较大，同时由于技术发展较快，需随时对自己进行知识更新，压力较大、信心不足、兴趣也不是很大。

(3) 去同学的公司，丢掉专业从最底层做起，风险较大，这与自己求稳的心理性格不符，同时家庭也会有阻力。

(4) 如愿获得奖学金，出国读书，回国后还是去做一名企业管理人员。

通过以上分析，我将职业目标定为成为一名中学的计算机老师，让我做出这一决定的主要理由是我想做自己喜欢的事。老师是我喜欢的职业，也是我从小的梦想。而我学的是计算机专业，自己对计算机专业也非常有兴趣，所以选择成为一名中学计算机老师，是将自己的所想、所学和所长有机地结合了起来，而另外其他三项选择无法达到这样的目标。

(资料来源：周其洪主编《扬帆——大学生职业生涯与发展规划》)

温馨提示

职业生涯规划要求你根据自身的兴趣和特点，将自己定位在一个最能发挥自己长处的位置，从而最大限度地实现自我价值。

要认识你自己。

从内心出发，看清楚你想要的和你能要的。

3. 男女都怕选错行

——职业选择

世上没有卑贱的职业，只有卑贱的人。

——林肯

1986 年出生的焦某，出于对摄影的爱好，踏上了北上求职之路。经过考察，他选择了北京时尚新峰工作室，跟随名家学习摄影。前三个月只能是给摄影老师当助理，但聪明好学的他硬是靠用心观察掌握了一些初级技巧。后经过系统学习，不安于平庸的他便找到了经理，跟经理说："我自己拍了一些照片，您看行不行。"经理看到后立即拍板叫好，并安排他专门负责写真拍摄，后来又让他专门负责婚纱摄影。就这样，凭着这股韧性，焦某渐渐在北京有了名气。在创业的大潮中，年轻的焦某放弃了家里给安排的"铁饭碗"，抓住机遇，自己开设了维纳斯婚纱摄影店，并靠优质的服务和拍摄技术赢得了顾客的一致好评。谈到当前的成就，焦某坚定地说："创业，一定要坚持。"

在大多数人的眼中，评价一份工作的好坏除了其薪酬和待遇，更多的是考虑其稳定性，很多人甚至宁愿放弃较高的薪酬和待遇而选择稳定，这是一种典型的铁饭碗思想。案例中，焦某不仅没有受这种思想的影响，反而以实际行动证明了铁饭碗未必就是最好的。正如鞋子一样，再漂亮也不一定合脚，到底适不适合我们穿，关键要看穿上之后脚舒服不舒服。一双合脚的鞋子无疑会加快我们成功的步伐，相反一双漂亮但却磨脚的鞋子只会阻碍我们的前进。总之，适合自己的才是最好的。

Keith 是我工作时的同事，他是一个很普通的美国青年，沉默、踏实、向上。我们共事了很久以后，在一个国庆日，他邀请我们几个同事去他家的牧场玩。在那片 30 英亩的大宅院里，当我们知道他爸爸就是我们公司的创始人之一(财富前 50 名公司的董事长)时，每个人都非常吃惊。一年后他又让我吃惊了一次。有一天下班前，他突然对大家宣布：“今天是我上班的最后一天。我已辞职，秋季开学时我又要上学去了。”我们自然想到了州立大学的商学院，猜想他要去进修，多学些商业管理的知识以便接替家族的事业。可他神秘、半带调皮地说：“我要去社区学院读烹调。”我差不多要蹦了起来。学烹调？烹调还要学？“可是你学烹调，以后想做什么呢？”“学烹调自然是要去做厨师了。”厨师？我又要蹦起来了。四年后，再次见到 Keith 时，他真的在一家牛排店做了厨师助理。见面时他很幽默地指着他头上的长筒白帽，脸上闪着灿烂的笑容：“戴着这个我很帅吧？”他一脸的自豪和自信，看起来真是很帅。

子承父业天经地义，更何况父亲是位千万富翁。当下，“富二代”越来越成为社会关注的焦点，相比于一般人而言，他们拥有更多的机会。面对这一优势的诱惑，又有几个人能够正视自我。案例中 Keith 放弃了优越的条件而选择了追求自我、实现自我的生涯发展，他的举措不仅使社会大吃一惊，也为“富二代”们开辟了一条全新的道路。

上述两个案例虽然所表现出的故事情节大相径庭，但其蕴含的道理却大同小异——不管创业也好择业也罢，大学生必须首先弄清楚“我是谁”、“我喜欢什么”、“什么才是最适合我的”。在就业形势如此严峻的今天，传统的思维模式与职业理念恶化了本已严峻的就业环境，使得社会上出现了“千人竞选一岗，千岗无人从事”的怪现象。究其原因在于受传统观念影响，大学生进入了职业生涯发展规划的误区。要走出这一误区需要我们在“知彼”的情况下充分了解自己：了解自己的优势，了解自己内心的需求。在此基础上，我们还要修正自己的观念，坚定自身的决心，勇敢走出各种生涯发展规划的思想误区。

记者从某市中高级人才市场了解到，该市大学生择业呈现“低姿态”趋势，多数学生在平静接受低起薪后，在择业标准上也放低了“身价”。

人才市场总经理介绍说，随着就业形势的变化，近两年该市大学生的择业观也逐渐发生了变化，大学生的身份也不再是高薪金标志，原来大学本科毕业生应聘工作时月薪要求在1500元，甚至2000元以上的有很多，而近两年的月薪标准已降至1000元、800元，部分大学生表示600元的月薪也能接受。

小李是东北某知名高校学生，他说现在月薪标准对于大学生而言不是非常重要，关键是所选单位应是一个能够培养和提升自己工作能力、能有业务上升空间的平台，这样的工作即使月薪不高，也会利于自己的长远发展。大学生“低姿态”择业是他们面对就业压力的一种理性回归。对于大学生而言，眼光放平、姿态放低、心态放正，就业之路才会变宽。

走出“唯高薪论”的误区。职业生涯发展规划被很多大学生寄予为“瞬间成功和急速暴富”的敲门砖。曾有一份在数百名大学生中所做的调查显示，77%的人表示35岁之前要成为年薪50～100万的职业经理人，20%的人表示毕业后10年之内上《福布斯》等知名杂志的富豪排行榜。事实上，生涯发展规划的目的是找到适合自己的职业，其出发点首先是适合自己，其次才是薪酬等其他因素。而适合自己的职业并不一定能够获得高薪。高薪也不代表你就会从职业中获得快乐，因为真正的快乐来自于工作的过程，而不是由它获得的报酬。所以，职业生涯发展规划中始终要记住事业比金钱重要。

走出“铁饭碗”的误区。近年来“公务员热”、“事业单位热”在大学生职业选择中表现得尤为突出。很多学生仅仅因为看中了公务员和事业单位工作人员的“铁饭碗”，并没有认真分析这些岗位是否适合自己就匆匆做出选择。生涯发展规划中只求眼前利益，没有考虑个人的长远发展，这给今后的生涯发展带来种种困扰。其实，机会比安稳重要，未来比今天重要，职业生涯发展规划的关键还是要选准适合自己的职业，适合自己的才是最好的。

走出“专业即职业”的误区。大多数大学生都希望自己选择的专业就是自己今后的职业，但实际上专业与职业是否对口并非那么重要。因为专业教育仅仅是职业发展的加油站，并不是未来职业发展的风向标。大学教育最宝贵的东西是培养解决问题的方法，而不是学习某个专业的具体知识。解决问题的方法尤其是自学和适应的能力，才是大学生在职业发展中取得成功的必备能力，而这些与专业并没有太大的关联性。因此，在生涯发展规划问题上，需要澄清“专业即职业”的认识误区，要在照顾所学专业的同时，把兴趣和个人所能获得的发展空间作为择业的参考坐标，而不是一味强调专业对口。

温馨提示

生涯发展规划中始终要记住事业比金钱重要。

适合自己的才是最好的。

要在照顾所学专业的同时，把兴趣和个人所能获得的发展空间作为择业的参考坐标，而不是一味强调专业对口。

4. 拒绝诱惑，理性创业

——自主创业的艰辛与快乐

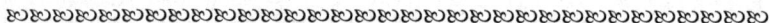

今天很残酷，明天更残酷，后天很美好，但是大多数人死在明天晚上，见不到后天的太阳。

——马云

2008 年 6 月，吴斌创业的公司还处于最艰难的时期，没有任何的盈利，团队成员没有一分钱的工资，还要每月给工人支付 3 万元的工资。

而不到半年，吴斌的公司已在武汉市东湖高新技术园设立生产线，产品挤进了湖北省内三甲医院，各项扶持资金开始产生“发酵效应”，经多方测评，吴斌的公司预计将在未来 4 年内实现数亿元的经济效益。

24 岁的吴斌是武汉大学市场营销专业研二学生，而更多时候，他的身份是武汉锐尔生物科技有限公司的老板。他的创业念头源于 3 年前的一次实习。当时他发现，国内传统的伤口治疗采用干燥疗法，并用棉纱布捆绑，换药很不方便，还容易损害伤口，留下疤痕。

2005 年春，他决心动手设计一种更理想的替代品，于是召集不同专业的同学组成了“纽绿特”创业队。两年多里，他多次带领队员赴深圳、上海等地进行市场调查，深入 6 家医疗器械生产企业和20余所医院了解生产现状和市场需求，并对近300名患者做了访谈、调查。

在充分了解患者需求后，他们提出将“湿法疗法”与“甲壳虫”相结合的理念，将临床知识应用于甲壳素类新型伤口敷料产品的中试设计。在武汉大学博士生导师杜予民的指导下，吴斌等人研制的面膜状“纽绿特”创可贴问世。这种敷料生产成本较低，具有无疤痕修复、快速愈合、无需换药等特效，为皮肤外伤修复提供了创新手段，先后获得8项国家专利。

在西方发达国家，大学生自主创业是非常普遍的事情。在我国，大学生创业比重低的基本原因在于大学生自身面临很多难题。但是，大学生创业已经是一股不可阻挡的潮流。

大学生创业是谋求生存和找到并实现自我价值的原动力，而开创自己的事业是最有希望实现致富的途经。很少有人靠为别人工作而变得富有，而创业是一种自己能够控制自己的工作，自己决定何时何地及怎样工作。这样，即使创业失败了，也会为创业者带来有益经验，更能让创业者学会更好地应对失败，变得比以前更坚强，而这正是企业家所需的品质之一。

身为雅虎创办人之一的杨致远指出：创业者的成功机会非常少，不管是在中国还是在美国，创业能做到一个小成功，大概只是十分之一，中成功是百分之一，大成功大概是千分之一、万分之一。美国有统计表明，要成为企业家，失败率是99%，只有1%的企业家能在市场上生存5年或者更长时间。

并不是每个人都适合创业，成功的创业者需要具备许多与众不同的个人特征，比如对市场要有敏锐的直觉、敢于冒险、能够忍受工作的孤独和工作带来的压力，能够承担投入时间和金钱后却没有结果的风险等等。此外，成功的企业家总是具有下面一些共同品质：

(1) 具有活力和热情。他们对待工作总是精力旺盛、不知疲倦。

(2) 享受工作带来的乐趣。对于他们来说，工作动机不止是金钱，工作本身就提供了大量动机，他们很少是以赚钱作为唯一目的而开始创业的。

(3) 在重要的问题、趋势和人物上，迅速抓住问题的本质。

(4) 具有将新技术市场化的能力。他们能迅速利用新技术赚钱，把技术变为使人们生活过得更快乐、更美好的工具。

(5) 具有愈挫愈勇的精神。创业免不了失败，企业家们学会了在失败中学习、奋起，屡败屡战。

(6) 重视团队建设，尊重同事及员工，具有人情味。

去年12月24日，某高校食品科学系6名研究生声称自筹资金20万元，在成都著名景观——琴台故径边上开起了“六味面馆”。第一家店还未开张，6位股东已经把目光放到了5年之后，一说到今后的打算，他们6位异口同声地说：“当然是开分店啦！今年先把第一家店搞好，积累经验，再谈发展。”我们准备两年内在成都开20家连锁店，到时候跟肯德基、麦当劳较量较量。而目前，由于面馆长时间处于无人管理和经营欠佳的状况，投资人已准备公开转让。这家当初在成都号称“第一研究生面馆”的餐馆仅仅经营了4个多月，就不得不草草收场。

据不完全统计，现在创业企业的失败率高达70%以上，而大学生创业成功率只有2%～3%，远低于一般企业的创业成功率。所以创业的同学们要学会弥补自身缺陷，避免重蹈覆辙。我们不妨来听听行内人士提出的大学生创业应该避免的一些问题。

问题一：眼高手低。比尔·盖茨的微软神话，使IT业、高科技行业成为大学生眼中的创业“金山”，以至于不少同学对从事服务业或技术含量较低的行业不屑一顾。其实，高科技创业项目往往需要一大笔启动资金，创业风险和压力都非常大，如果自身能力不足，对创业的期望值又过高，一开始就起点过高，很容易失败。所以，大学生创业不妨放低心态，深刻了解市场和自己，然后从小做起，从实际做起，一步一个脚印。

问题二：纸上谈兵。缺乏经验是目前大学生创业中普遍存在的问题，不少大学生创业者没有对其产品或项目做市场调查的意识，而只是进行理想化的推断。例如：如果我们的产品有1亿人购买，每件产品就算我们只赚1元，我们也有1亿元的利润。这种推断方法根本站不住脚，反而起着误导作用。正如前边所说的，只有在创业的初期做好市场调研，在了解市场的基础上创业，才能长久。

问题三：单打独斗。在强调团队合作的今天，创业者想靠单打独斗获得成功的几率已是微乎其微。团队精神已经成为不可或缺的创业素质，风险投资商在投资时更看重有合作能力的创业团队。如今大学生一般都有较强的个性和自信心，在创业中常常自以为是、刚愎自用，这些都影响了创业的成功率。因此，对打算创业的同学来说，强强合作、取长补短，创建一个有凝聚力的团队，要比单枪匹马更容易接近成功。

成功创业者的30条经典心得

- 如果你创业的目的不是为了钱，不是为了利润最大化，那就叫慈善事业。
- 需要忍受孤独与诱惑。你在没钱的时候要忍受孤独，有钱之后要抵制诱惑。
- 如果你对政策的解析与电视报纸上的雷同，请不要创业。
- 人脉不是指那些行长、局长、处长、科长，是指你一切可以调用的关系与资源。
- 置于死地的基本上死的比生的多，所以一定要留一条退路。不顾一切地创业，是让我钦佩但望之却步的。
- 应集中利用、弹性利用资源，战线拉得太长是失败的开始。一切所能仰仗的资源，都应该通通加以利用。
- 不要进入不成熟的行业。
- 尽量使用成熟的技术，新技术有很多不确定性。
- 最了解你的也许是你的父母，最不了解你的也许还是你的父母。恰当的时候要会说不。

• 有老婆的话，你碰到的问题是两个家庭的问题；如果没有的话，那就是你的问题。

• 有大量的重要工作需要你亲力亲为，所以强壮的身体和旺盛的精力必不可少。

• 你面对的不会是一帆风顺，要能够坚持。

• 如果这个世界还时不时地能够带给你一些惊喜，请不要创业。因为你阅历不够。

• 接触社会时间不到 5 年不要创业，除非有稍纵即逝的机遇。

• 按预算的 125%准备资金，创业开始之后，会有许多超出预算的地方。

• 有时候需要背水一战的勇气、决心与魄力。如果你自己都不相信自己了，还会有谁相信你？

• 速度、连贯性、敏锐性、灵活性及创造力。

• 战略实施步骤、经营时间表、产品生产、服务计划、成本、毛利、预期的经营难度和资源需求，要有清晰的思路。

• 不管是蒙是骗还是软硬兼施，都一定要保证公司员工的相对稳定性。人员流失就像放血一样，开始没什么感觉，最后却会要你的命。

• 如今这个社会做什么事情的成本都很高，所以需要慎选合作伙伴。人品好坏其实关系不大，有时候只是借鸡生蛋。要建立互相约束的机制，涉及了钱，什么事情都有可能。

• 遇上初次做生意的人要慎重考虑，他们普遍有浪漫主义情怀。今后的坎坷，可能把他变成团队中的定时炸弹。

• 一个坏的团队，能把一个好的主意运作得一塌糊涂。

• 善谋者不战，善战者不败，善败者不乱。如果已经输了，请记住打麻将时常说的一句话——少输为赢。

• 要听别人的意见，不管是好的还是坏的。

• 创业不同于炒菜，不可能等所有的配料都准备齐了之后再开火做饭。

• 创业永远都是王者的游戏，我们需要的是试一试的勇气和胆量。

(摘自2008年11月13日《广州日报》)

温馨提示

并不是每个人都适合创业，成功的创业者需要具备许多与众不同的个人特征。

理性创业，而不盲目。

创业的同学们要学会弥补自身缺陷，避免重蹈覆辙。

5. 我的舞台在哪里？

——就业之外的路

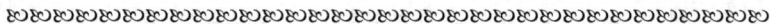

Nothing is impossible for a willing heart.（心之所愿，无所不成。）

——美国谚语

曾被媒体热炒过的大学生为考研通宵排队占座一幕，在某大学重现。记者接到该校学生报料：“今晚同学们准备通宵抢考研教室的位置啦！”据了解，该大学一年一度的考研教室开放日今年定在2月18日，共安排了6间教室，比去年增加了两间，可容纳300多名学生使用。所谓“考研教室”，就是专门留给这一届同学考研专用的教室，按学生之间不成文的“规矩”：在2月18日早上占到位置的学生就可以用一年，直到2012年1月份考研之前；没占到的同学，就意味着每天要抱着一堆书去图书馆或者没人上课的教室自修，经常要换地方。该校原本21日才开学，但学生们为了占座纷纷提前到校。他们大部分是大三学生，准备参加2012年1月份的考研。当晚，最早的同学晚上10点就赶去排队了，有的同学带了被子，有的同学带了凳子，有的同学带了热水壶。后来人越来越多，大厅里挤不下，大家都站起来，互相靠拢一点，给后来的同学挪出位置。越挤越紧，不少同学都汗流浃背了。当晚，该校管理人员闻讯后，考虑到同学们通宵排队太辛苦，把原定于上午9点的开门时间提前到了凌晨3点。业内人士感叹：随着近年来就业压力的增大和学校的鼓励政策，准备考研的同学越来越多，考研竞争日趋激烈，占座成了考研第一仗。

自从1999年大学扩招以来，每年的大学毕业生都在不断地增加，使得每年毕业生的就业形势都不容乐观，所以越来越多的同学在毕业后选择了考研，而不是找工作。考研的过程是辛苦而又压抑的，有这个打算的同学在考研的初期要熟知考研流程、了解考研常识，从而提前做好考研各阶段的准备工作。在大三快结束的时候，就要把自己毕业后要走的路定下来。

一般来说，中等程度水平的同学会选择在大三的暑假开始全面的复习，稍微强一点儿的人可以从九月份准备。如果你觉得自己的基础还不够扎实的话，大三下学期，三月份的时候开始准备也不算太早。当然，如果要跨专业或者换学校的话还需要更早一些。考研复习前，需要做一个切实可行的计划，每天花多少时间在数学上，多少时间在英语上，多少时间在专业课上，多少时间锻炼身体等都要先做一个初步的统筹安排，试行一段时间，看看哪些适合自己，哪些需要调整。

在决定考研以前，我们先要明确自己考研的目的是什么。很多人都说考研是一场挑战自我、挑战极限的耐力赛。的确，在考研备战时期就主动放弃的人不在少数。经过调查与分析得出，很多人放弃考试的原因在于考研目的不明确、信心不够坚定。只要坚持不懈地努力，能够坚持到底的同学，最后大部分都取得了胜利。所以大家在萌发考研想法的时候一定要先问问自己：我为什么要考研？

在决定了考研后，就要开始搜集关于考研的信息，以便及早有针对性地进行备考。我们先要收集的是招生单位真实有效的信息，并对这些信息进行综合对比。这些信息的内容包括：招生单位的录取分数线，是高还是低；所要报考的专业院系的录取平均分和最低分数；报考人数和招生人数的录取比例，了解竞争的激烈程度。现在互联网上有很多相关的信息，同学们可以找到自己所需要的内容。

收集好信息后，就可以选择报考专业、院校和辅导机构了。选择专业和院校时，应该从自己的实际出发，准确地为自己定位，我们要全面分析，不要以报考人数来判断专业的冷热程度和竞争激烈程度，更不要盲目地跟从大众的潮流，报考所谓的热门专业。我们还是要从自己的实际出发，量体裁衣，准确地为自己定位。

首先我们应该选择喜欢的专业，因为研究生阶段的研究方向可能将决定我们一生所从事的职业。其次尽量选择与本专业相关的专业。大学打下的良好基础，将有助于研究生阶段的进一步学习。最后，清醒地认识自己的实力。只有认清形势和自身实力，才能做出理性的选择，使自己的成功概率最大化。

如果感觉自己的基础很扎实，而且很早就有换专业的打算和准备，可以考虑换一个相对不错的专业。跨专业考研的同学应更早做准备，以保证必要的学习时间。因为各个专业有自己的学科范畴，不同专业之间的学生在知识体系和结构上存在着较大差异，所以需要在专业上面投入比较多的时间和精力。

随着清华、北大本科生出国热的高涨，北京各大高校的本科生们纷纷作出了支持和追随的姿态。在一些大学的中文系，高年级一个班有三四个同学作留学准备，下一届发展到一半的人在考G、考托，再下一届直至全班备考的现象并不鲜见。从以出国培训而闻名的北京新东方学校的学员中，有很大一部分是大二、大三的学生，他们大多是准备毕业后直接去国外攻读研究生。多数大学生相信：国外的研究生教育比国内强。“不管是环境设备、授课方式，还是教学质量、科研能力，国外的研究生教育都比国内要做得好！”“什么教育能使我在明天比别人更有价值，是我作选择时的标准。”新东方的一位学员在谈到他的出国动机时作了明确表态。

现在很多同学在毕业后都将目光转向了出国读研深造，寻求学业的进一步发展。可是并不是所有的同学都适合留学，在留学之前我们先要弄清自己留学的动机，再结合所处的客观环境和主观因素进行衡量。

只有清楚自己的留学动机才不会盲目出国。有的人根本就不清楚自己出国的目的，只是在舆论和时尚的引导下盲目选择出国留学，这些同学只是因为周围过多的人对自己留学寄予厚望，而自己还说不出足够的理由就选择了出国留学。还有的同学对出国留学有着很大的希望，他把国内学习上的受挫归咎于外在因素，想以某种逃避的心理回避国内学习上的挑战和压力，或是过于关注自己的需要，过于强调个人的能力，他自己还没有做出成绩，却希望有广阔的发挥余地。这些人出国留学的最大想法是换个环境，在新的天地里实现自己的人生梦想。通过出国留学可以让我们看到异域的风俗，了解不同的文化，进入一个更包容更自由的环境，并能收获更多的信息、更好的机会。

想要出国的同学对下面的因素要进行全面的考虑，再决定是不是出国。

从自身情况来看，首先要看自身的英语实力。只有具备相当程度的外语能力，才有可能获得录取和资助。对于英语水平不好的同学，即使被录取并得到了资助，在签证时还是会遇到麻烦，甚至被拒签。其次要对自己的独立能力有全面的认识。在国外，一切都得自己打理，如果你已经习惯在国内的生活方式，而又不想改变，那去留学会给自己带来很大的麻烦。国外的教育更加注重独立思考，在生活上也要自己照顾自己。

至于客观因素，要考虑下面几个方面：第一，学校所能提供的奖学金、学费补助、助教或是研究津贴等，这通常是每一个要出国的同学首要考虑的因素。第二，所在学校要花费的学费和生活费。

一般私立大学的收费都比州立大学高，但是许多州立大学的学费也相当高。其次如果学校位于大城市里，生活费会相应提高。第三，学校、系所的评价排名，是决定选校或是选系的主要参考依据。通常选择有名的学校对将来就业有很大的帮助。第四，学校的师资、设备情况。对许多特殊的系所来说，要有特别的设备或专家，这样便于学习和进行研究。

总之，这一切都是建立在学习的基础之上的，就读学校给你提供的环境和条件，不是成功本身。成功需要努力与奋斗，没有付出，自然没有收获。因此，留学的正确目的应该是学习，是成才，是成为能参与国际竞争、对国家和社会有用的人才，或成为有一技之长、对自己人生负责的人。

即将毕业的曹同学告诉记者，他参加了去年底进行的国家公务员考试，当时报的是四川海关，并幸运地进入了面试，他自己一个人去了一趟成都，但并未成功。当记者问他为什么要执著地考公务员时，曹同学托了一下眼镜，说："公务员工作不仅稳定，还很体面，社会地位高，工资待遇好，谁都会选择。"不过，曹同学也承认，公务员岗位毕竟是僧多粥少，能否成功还要靠运气。

据曹同学介绍，他所在的班级总共 42 人，除了十几个学生已经考上了研究生之外，剩下的学生几乎都参加了这次省考。"进入大四，除了个别同学外出找工作，大部分都留在教室里，不是复习考研，就是考公务员，有的'两手抓'，同步推进。"曹瑞进一步解释，到了大四，正常的课程已经很少了，在国考之前，甚至可以有专门的"实习"时间进行复习。作为曹同学的同班同学，小袁已经幸运地通过国考，考上了北京海关。今年 7 月份毕业后，他就要成为一名海关系统的公务员。小袁自豪地对记者说："我是从大三开始准备的，每天都会去自习室做练习题，关注时事的同时，也不停地搜集相关考试资料，虽然也知道竞争很激烈，但还是抱着赌一把的心态，认真地准备，因为一旦考上就意味着身上少了很多压力。”记者在采访时发现，除了应届毕业生忙于考公务员之外，大二、大三的学生也已经着手准备了。“我们学的是相同的专业、相同的课程，给我们上课的也是相同的老师，师哥师姐们能考上，我们更有信心。”今年他们班总共有83人，一半以上已经准备好了报考公务员。

和企业白领们相比，公务员们的工资也许不算高，但职业风险却小得多，工作稳定，没有压力，轻松自在。同时，和其他群体比起来，公务员的养老、医疗保险和住房等福利，都有较为完备的保障体系。对于很多同学而言，参加公务员考试已经成为必须经历的一个环节。公务员考试的笔试包括公共科目和专业科目。公共科目考试内容为“行政职业能力倾向测验”和“申论”，专业科目考试分为政法、综合管理、经济管理、财务管理、信息管理五大类。

在我们报考公务员时，有几种证书是非常有价值的：

第一种：毕业证、学位证。这是最重要的证书，主要的区别是专科、本科、研究生、博士的学历差别。在2007年国家公务员录取的学历要求“专科：本科：研究生：博士”比例大致是“14：47：31：8”，所以，学历是第一道坎。

第二种：语言类证书。这是报考中央机关职位的分水岭，包括英语四六级，专业八级及小语种等专业语言证书。例如：大学英语六级证书极其重要，在2007年招考的一些职位就有明确的英语水平要求。信息产业部的下面司局就有一条，英语六级合格或450分及以上，具有较强的英语听说写能力；而农业部则要求具有较强的综合分析能力、英语六级；还有很多单位，像审计署、海关总署、国务院等对英语水平也有明确规定。

第三种：学校里的各种荣誉证书，包括奖学金证书、三好学生、优秀毕业生、优秀学生干部、优秀党员等证书。例如：2007年广西壮族自治区国家税务局职位就要求应聘人员是中共党员；而中国民用航空总局华北管理局的1/3职位也需要应聘者为中共党员；其他的像各省、直辖市的出入境检验检疫局、煤矿安全监察局，中央机关的公安部、教育部、国家发展和改革委员会、中央对外宣传办公室、中央办公厅等大部分都要求报考者具有中共党员的政治面貌。

第四种：计算机水平证书。计算机操作对大家来说没有什么难度，只是不一定大家都有证书，但考试就是如此残酷。例如：中国民用航空总局有些职位规定必须通过国家计算机等级考试二级及以上才可以报考；出入境检验检疫局有些职位则要求计算机操作熟练。

第五种：驾驶证。这里所说的驾驶证不只是说机动车驾驶证，中国民用航空总局中南管理局有些职位招考规定：持商用驾驶员执照或运输大型机航线运输驾驶员执照；海事局部分职位有大专学历须持有甲类三副、三管轮及以上适任证书并有两年以上航海资历等要求。

在报考公务员时，我们要注意，公务员的很多职位是综合了很多因素的，除了自身条件以外，还要注意每个职位的要求。下面是给各位报考公务员的同学的备考建议，供大家参考：

第一，找准方向、明确目标。公务员报考者中有相当比例的人只是将考公务员作为求职的一次机会，没有严肃对待，更谈不上认真准备。而且每次公务员考试都有不少人弃考，很多考场到下午考试开始时空了三分之一左右的考生座位。所以对于充分备考的人来说，竞争对手并没有想象的那么多。这对于一心想考公务员的同学来说，与其四处撒网式赶考以搏一个保险，不如结合自己的条件和志向，踏踏实实确定目标，认真准备，力求一击中的。

第二，制定计划、科学安排。在备考前期，每个人都需对自己个人进行评估：你自己的基本功怎么样？哪种类型的题自己感觉最吃力？哪种类型的题提高的余地最大？先把自己所有的情况都了解清楚才知道自己的强项和不足之处。合理地计划安排，做到不打没有把握的仗。

第三，总结思考、举一反三。备考公务员，看书、做题是不可少的；但是仅仅看书、做题是不够的。在学习的过程中还要进行总结思考，正如孔子云：“学而不思则罔，思而不学则殆。”北京不少应届毕业生同时报考了国家和北京市的公务员考试，其中很多人 7、8 月份就开始准备 11 月份的国考，却将目标集中在 12 月份的北京市考试上。对于部分考生来说，国家公务员考试难度大、竞争层次高，备考国考是为了打好基础，提升自己的应考能力，再参加难度相对较低的地方公务员考试，就会举重若轻，更有自信。

温馨提示

在决定考研以前，我们先要明确自己考研的目的是什么。

只有清楚自己的留学动机，才不会盲目出国。

考公务员要考虑自身性格等多方面的因素，然后找准方向，坚持到底。

6. 给自己一个微笑

——压力下的就业心态

古之立大事者，不惟有超世之才，亦必有坚韧不拔之志。

——苏轼

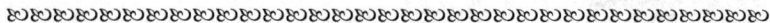

小吴就读于一所省属师范院校，由于所学的专业比较冷僻，找工作难度较大，再加之自己出身于农民家庭，在城市里没有什么亲朋好友，学习成绩又居于中流，求职谋业完全要靠自己努力。不过，小吴又不甘心随便找一个单位就业。因此，一进入大四，他就开始着手进行就业的准备。

首先，他分析了自己的情况，觉得自己的英语和计算机水平一般，个人的专长也没有什么显著的，所学的专业也比较冷门。想来想去，他制订了找工作的两个目标：① 最低目标，本市任何能够维持他生存的单位，只要能解决其户口问题；② 最高目标，在本市有一定影响的单位，工资福利条件比较好，并能够提供较多的发展机会。他决定先实现能留在本市的最低目标。于是，他一方面联系已经毕业的师兄师姐和老乡，请他们提供就业信息；另一方面，他从网上搜索关于就业的各种信息，看到合适的用人单位及用人信息，他就给这些单位发简历联系。

不久后，他收到一个职业学校的回信，该单位请他先去实习一个月，如果满意的话，就可以录用他。一个月的实习期满后，学校觉得尽管小吴的工作经验不足，但他能够认真学习，虚心求教，而且工作认真负责，决定接受他。同时，学校提醒小吴，学校工作待遇等方面的情况不是太好，不能够安排住房，让他好好考虑。小吴认为，虽然这个学校的待遇并不是很好，但毕竟是自己找到的第一份工作，可以解决自己留在本市的户口问题，这样，以后就有可能找到其他更好的工作。因此，他答应学校会好好考虑，一个月以后再决定是否签约。

低目标的实现使得小吴的信心大增。他想，只要自己努力去找，也许还能找到更好的单位，实现自己的最高目标。于是，他又积极起来，不到一个月的时间，他又联系到了另一家各方面条件都更好的公立高中，因为具有了在职业学校实习的工作经验，很快被这所学校接纳。在取得职业学校校方的谅解后，他与公立学校签约，实现了自己的最高目标。

媒体喜欢用“就业寒冬”来描述当前大学生找工作的情形。的确，2001 年我国大学毕业生人数是 115 万，到了 2010 年，全国大学毕业生人数达到了 631 万。十年时间毕业生的数字增加了 5 倍之多，而这段时间里，我国的 GDP 一直稳定在 8%的增长速度，严重的供需不平衡使大学生就业面临“泰山压顶”之势。因此，对于毕业生而言，想要一进入社会就找到一份自己喜欢的工作，并且拿到很满意的薪水待遇，这种机会是很少的。如果求职的大学生们还保持着原有的“直线思维”，想要“一步到位”地找工作，也许真的会让自己陷入绝望的寒冬之中。

就业本身就是我们认识和适应社会的一个过程，在求职的时候遇到困难，甚至经过很多挫折是非常合理的事情。在求职的过程中遇到心理冲突和困惑，以致产生很多负面的情绪，这也是再正常不过的事情。因此，大学生们要学会调节自己的心态，及时地自我减压，使自己能够从容冷静地面对找工作这一人生的重大课题，并做出正确理智的选择。现实也许是我们不可能完全预测和掌握的，但良好的态度是完全可以通过我们自身的努力来获得的。那么大学生如何获得良好的就业心态呢？

就业市场化、自主择业给大学生带来了机遇和实惠，但许多大学生对市场残酷的一面认识不足，对就业市场的客观实际了解不够。经过对就业市场、就业形势的客观了解与深刻体验后，我们必须明白现实情况就是如此，无论是抱怨还是沮丧都没有用，目前的就业形势暂时是不会改变的。与其怨天尤人，浪费时间，影响自己的心情，还不如勇敢地承认和接受当前面临的现实，彻底打破以往的美好想象，脚踏实地地寻求解决问题的好办法。

案例中小吴找工作的方法形象地说就是“骑着驴找马”。当前很多大学生找不到工作，不是因为没有工作可以做，而是觉得工作不好，不愿意去做，在机会面前犹豫再三，结果就成了失业者。小吴把找工作的目标定为最低目标和最高目标，先实现最低目标，然后再努力去实现最高目标。这种先低后高的就业目标既保证了自己有工作可做，不会失业，也使自己能无后顾之忧地去争取更好的机会，实现自己的最高目标。

在就业市场上存在一种“错位”现象，一方面某些用人单位招不到人，另一方面大量毕业生又找不到工作，其主要的原因就在于大学生的就业期望值普遍比较高。因此，要顺利就业就必须要首先根据自己的实际情况和就业形势，调整自己的期望值。调整就业期望并不意味着“只要有单位要就愿意去”，完全对单位没有选择，而是要在理性的职业生涯规划和职业发展观念的基础上重新确定自己的人生轨迹。这就是说要树立长远的职业发展观念，放弃过去那种“一步到位”的择业观念。在选择职业的时候，要看得长远一点，学会规划自己整个人生的职业生涯。在当前获得一个理想职业的时机还不成熟的时候，应采取“先就业，后择业，再创业”的办法。也就是说，一开始择业时不要期望太高，可以先选择一个职业，

图书在版编目(CIP)数据

90 后大学生活导航：我的大学我做主 / 宋宝萍，程霞主编. 一西安：西安电子科技大学出版社，2011.7(2019.8 重印)

ISBN 978-7-5606-2610-9

Ⅰ. ① 9… Ⅱ. ① 宋… ② 程…

Ⅲ. ① 大学生—学生生活—基本知识 Ⅳ. ① G645.5

中国版本图书馆 CIP 数据核字（2011）第 114637 号

策　　划　李惠萍
责任编辑　李惠萍　万诚
出版发行　西安电子科技大学出版社(西安市太白南路 2 号)
电　　话　(029)88242885　88201467　　邮　编　710071
网　　址　www.xduph.com　　电子邮箱　xdupfxb001@163.com
经　　销　新华书店
印　　刷　北京虎彩文化传播有限公司
版　　次　2011 年 7 月第 1 版　2019 年 8 月第 2 次印刷
开　　本　850 毫米×1168 毫米　1/32　印张 8.25
字　　数　204 千字
定　　价　19.00 元

ISBN 978-7-5606-2610-9/G

XDUP 2902001-2

如有印装问题可调换

后　　记

本书由西安电子科技大学宋宝萍教授精心指导和策划，思想政治教研室任课教师与唐可满先生共同撰写。具体的写作分工如下：序由宋宝萍编写；第一章由程霞编写；第二章由杨伟刚编写；第三章由张阔海编写；第四章由程霞编写；第五章由武成莉编写；第六章由杨伟刚编写。插图由唐可满(网名：牛皮糖)提供。

全书由宋宝萍教授提出总体思路、写作大纲和具体章节要求，程霞老师负责统编定稿，最后由宋宝萍教授审定。

在本书编写过程中，参阅了诸多学者的论著，这些资料为我们提供了有益的素材和启示，在此谨表诚挚的谢意。

本书的编写得到了西安电子科技大学党委副书记龙建成教授的关心与指导，编者的朋友张耀天博士也为本书的筹备做了大量的信息搜集整理工作，西安电子科技大学出版社的阔永红总编也给予了大力支持和帮助，李惠萍编辑为本书付出了辛勤的劳动，在此一并表示感谢。

由于我们的水平有限，书中难免存在疏漏，敬请专家、同行和读者不吝赐教。

编　者

2011年5月

读. 北京：化学工业出版社，2009.
[17] 常桦，龚萍. 大学新生：赢在起跑线上. 北京：中国物资出版社，2005.
[18] 覃彪喜. 读大学，究竟读什么(一名 25 岁的董事长给大学生的 18 条忠告). 广州：南方日报出版社，2006.
[19] 宋宝萍，魏萍，武成莉. 大学生心理健康教育. 西安：西安电子科技大学出版社，2007.
[20] 桑志芹. 爱情进行时——爱情心理发展. 北京：高等教育出版社，2008.
[21] 李中莹. 爱上双人舞——如何拥有和谐的恋爱、婚姻生活. 西安：世界图书出版公司，2011.
[22] 段鑫星，孟莉. 爱是青春的舞蹈——大学生心理咨询实录之恋爱心理. 北京：科学出版社，2008.
[23] 原田玲仁，著. 每天懂一点恋爱心理学. 郭勇，译. 西安：陕西师范大学出版社，2009.
[24] 张晓. 大学生恋情面面观. 呼和浩特：内蒙古人民出版社，2003.
[25] 姜星莉. 爱的艺术：大学生恋爱与人际交往指要. 北京：旅游教育出版社，2008.
[26] 唐海波，李朝旭，李建伟，等. 大学生理想友谊认知初探. 中国健康心理学杂志，2009(1).
[27] 杨军. 探讨大学生友谊关系的培养. 教育与职业，2006(36).
[28] 王炳成，李洪伟. 大学生咨询、信任与友谊关系研究——基于社会网络的视角. 山西财经大学学报(高等教育版)，2010(3).
[29] 安子. 恋爱决定女人的一生. 北京：金城出版社，2011.
[30] 曹光法，姚本先. 大学生友谊特点的初步调查研究. 中国社会心理学会 2008 年全国学术大会论文摘要集，2008.

参考文献

[1] 曾浩，杨军. 大学生生涯发展规划与求职导读. 北京：科学出版社，2011.
[2] 常桦. 大学四年，决定你的一生. 北京： 中国长安出版社，2010.
[3] 祝欣，陈健. 赢在起跑线上. 武汉：华中科技大学出版社，2008.
[4] 刘荣莉. 进入大学要读的第一本书. 武汉：武汉出版社，2009.
[5] 邹婉玲. 大学的学习方法. 2 版. 广州：暨南大学出版社，2008.
[6] 易耀勇. 飞向自由空间：如何经营你的大学生活. 广州：华南理工大学出版社，2006.
[7] 林梓. 赢在大学. 上海：学林出版社，2008.
[8] 王长华，何金晖，张明生. 大学新生适应性导读. 北京：科学出版社，2010.
[9] 胡礼祥. 大学生发展启示录. 杭州：浙江大学出版社，2003.
[10] 周阿江. 毕业了，你何去何从. 上海：汉语大词典出版社，2006.
[11] 夏光. 大学生职业生涯规划指南. 北京：机械工业出版社，2009.
[12] 仝广东. 大学生职业发展与就业指导. 2 版. 南京：东南大学出版社，2009.
[13] 沈建华. 大学新生必读. 北京：水利水电出版社，2005.
[14] 古月群，漆小萍，叶深南，等. 适应与超越：大学新生入学指导. 广州：中山大学出版社，2000.
[15] 杨应慧，饶俊南. 大学新生入学指导. 武汉：武汉工业大学出版社，2007.
[16] 刘燕，李红，郑明喜，等. 梦圆和圆梦的地方——新生入学必

温馨提示

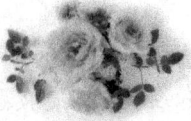

就业本身就是我们认识和适应社会的一个过程，在求职的时候遇到困难，甚至经过很多挫折这是非常合理的事情。

在当前获得一个理想职业的时机还不成熟的时候，应采取“先就业、后择业、再创业”的办法。

应该把就业看成是一个认识社会、认识职业生活、适应社会、向职业生活过渡的过程，应该通过求职活动来发展自己，促进自我成熟，而不是“以求职成败论英雄”。

现就业机会的时候，要主动出击，不能犹豫，也不要害怕失败，应当有敢闯敢试的精神。

“我是大四的学生，经历了好几次面试的机会，可是每次都失败。我想不通，为什么我找不到工作，我虽然没有经验，可是我愿意学习，愿意从基层开始，只要给我机会，可就是没有这个机会，我真的受伤死了！”在某人才市场外，唐灵觉得工作找得很憋屈，在好友的安慰下才稳定情绪。“昨天，在一个公司面试，我又失败了，可是我一直想不通原因，为什么我会被刷下来？我在面试的时候老是失败，昨天面试就11个应届生，招7个，这样我还是被刷下来了，真的自尊心很受伤。”

毕业生在择业问题上没有一定的职业理想和目标是不行的。但是，毕业生择业的理想和目标不要过于狭窄。在求职中遇到挫折，要用冷静和坦然的态度待之，客观地分析自己失败的原因，进行正确的归因。首先，在就业市场化、需求形势不佳、就业竞争激烈的条件下，出现求职失败是在所难免的，不能期望自己每次求职都能成功。要对可能出现的求职挫折有充分的心理准备。同时，应该把就业看成是一个很好地认识社会、认识职业生活、适应社会，向职业生活过渡的过程，应该通过求职活动来发展自己，促进自我成熟，而不是“以求职成败论英雄”。其次，自己求职失败并不一定是因为自己的能力水平不够。出现求职失败的原因很多，可能是因为你求职的方向不对，也可能是你的价值观念和企业文化不符合，甚至还有一些偶然因素。总之，应当正确地分析自己失败的原因，调整自己的求职策略，学会安慰和鼓励自己，以便在下次的求职中获得成功。

位要优先考虑；对于那些现在经济发展水平不太高，但发展潜力大、创业机会多的工作地点也要重视。

总之，盲目到一些表面看来不错，但不适合自己、自己的才能得不到有效发挥的单位去工作，是不会让自己满意的。与其将来后悔，不如现在就改变自己，建立适应我国当前经济发展、人才需求规律的合理的职业价值观，以指导自己正确择业。

大学生找工作绝不仅仅是几个月的事情，还需要多年的准备和积累，需要从大学生活开始时就积极地着手准备。大学生就业中的许多心理困扰都与大学生不能正确认识和接受职业自我有关，因此正确地认识自我的职业心理特点并接受自我，是调节就业心理的重要途径，并可以帮助自己找到真正合适的职业方向。要知道自己喜欢什么样的职业，需要什么样的职业，自己的择业标准以及以自己目前的能力能干什么样的工作，这样才能知道什么样的工作更适合自己。许多同学经历亲身的求职活动后就会发现自己的能力和水平并不像自己想像的那么高，并容易出现各种失望、悲观和不满的情绪。因此在认识自我特点后还要接受自我，对自我当前存在的问题不能一味抱怨，也没有必要自卑，因为自己当前的特点是客观现实，在毕业期间要有大的改变是不可能的。因此要承认自己的现状，要学会扬长避短。另外，要用发展的眼光来看待自己。要知道有缺点和不足并不可怕，还可以在今后的工作岗位上不断发展和改善自己。

大学生就业中的机遇因素也是非常重要的。因此，在了解并接受了自我特点以后，还要学会抓住属于自己的机遇，这样才能保证以后求职顺利。要抓住机遇首先必须要收集有关的职业信息，多参加一些招聘会，并根据已定的择业标准进行选择。需要注意的是，机遇并不是对任何人都适用。一份工作的好与不好，是相对的，对别人合适，对自己不一定合适，故一定不能盲目从众，要时时记住，只有适合自己的才是最好的。最后，还要注意机遇的时效性，在发不断提高自己的社会生存能力、增加工作经验，然后凭借自己的努力，通过正当的职业流动，来逐步实现自我的价值。许多大学生不愿意去经济欠发达、边远基层地区工作，可是随着西部大开发的进行，西部地区将成为经济发展的热点，也将给大学生们提供更多的发展机会，因此到这些地区去工作可能会更有利于自己的职业发展，取得事业的成功。

李新(化名)是一名本科生，大学里学的是令人羡慕的国际贸易，曾梦想做个走遍世界的大牌商人，毕业后认为到北京更有发展，更能“与世界接轨”。于是，他放弃了父母为其找好的工作，与同学结伴来到北京。北京的工作机会果然多极了，但找工作的人也是多不胜数。刚开始，李新和同学比赛要找到一个更接近理想的单位，一个多月过去了，简历投出 20 多份，有回音的只有两份，面试后又无音信。面对着强手如林的职场，眼花缭乱的招工单位，李新可真着急了。难道找工作真这么难吗？当初那么令大家羡慕、父母骄傲的专业就这样被冷落了吗？回到家乡，如何面对江东父老？不回家在北京接着漂到什么时候？

传统观念认为，人们工作就是为了满足生存的需要；但是对于现代社会的人来说，职业对个体的意义已经远不是如此简单，职业可以满足人们从低层次到高层次的多方面需要。有人曾对职业价值结构进行了初步研究，发现了交往、毅力、挑战、环境、权力、成就、创造、求新、归属、责任、自认等 11 个类别的因子。因此，职业的价值是非常丰富的，我们要充分认识到职业对个体发展和社会进步所起到的重要作用。

在择业时不能只考虑工作的经济收入、工作条件、工作地点等因素，更要考虑职业对自己一生发展的影响与作用，应看重职业能否帮助实现自我价值。因此，要在考虑社会需要的基础上，树立自我职业发展、才能发挥、事业成功的职业价值观。对于那些虽然现在工作条件不怎么样，但发展空间大，能让自己充分发挥作用的单